JN422514

성경과외

성경과외

초판 1쇄 발행 2016년 1월 25일

지은이 김덕호
펴낸이 장주희
펴낸곳 아이러브처치
편집디자인 백진선

전화 0505) 267-0691
팩스 032) 505-6004
등록일 2005년 2월 16일
등록번호 제 2005-6호
이메일 churchbook@hanmail.net

판권소유 © 아이러브처치 2016
값 10,000원

ISBN 978-89-92367-90-5 03230

"아이러브처치(ilovechurch)는 예수 그리스도가 주인인 교회를 사랑하며, 마지막'때'(마 24:14)의 사명을 감당하고자, 믿음의 식구들과 함께 기도하며 준비하는 선교단체입니다. 아이러브처치는 찬양을 통한 영적회복, 도서를 통한 영적 강건함, 문화를 통한 복음화, 그리고 세계선교의 비전을 추구합니다."

「이 책의 모든 내용은 저작권 보호를 받으므로 무단전제와 복제를 할 수 없습니다.」

Printed in Korea

성경과외

성경 전체에 대한 쉽고, 깊은 이해

김덕호 지음

아이러브처치
www.churchbook.net

• 서문 •

사무엘 스마일즈는 '생각은 행동을 낳고 행동은 습관을 만들고 습관이 쌓이면 성품이 되고 성품은 그 사람의 운명을 결정한다'는 말을 했습니다. 우리의 생각이 얼마나 중요한지를 일깨워주는 말입니다. 그러면 우리의 생각은 어떻게 바꿀 수 있을까요? 이에 대한 답을 얻기 위해서는 우리의 생각이 무엇으로부터 시작되는지를 알면 됩니다.

미국에 와서 살면서 영어가 익숙하지 않을 때는 상대방이 어떤 말을 해도 이해할 수 없었습니다. 왜냐하면 그 단어의 의미를 몰랐기 때문입니다. 어떤 글을 읽을 때에도 그 의미를 알지 못하면 아무런 생각도 할 수 없게 됩니다. 결국 우리의 생각을 좌우하는 것은 우리가 알고 있는 단어들이라는 사실을 깨닫게 되었습니다. 우리가 많이 듣고, 확실하게 이해하고 있는 단어들이 우리의 생각을 결정짓게 된다는 말입니다.

예레미야 선지자를 통해 하나님께서 이스라엘 백성들에게 하신 말씀 중에 다음과 같은 말씀이 있습니다.

> 땅이여 들으라 내가 이 백성에게 재앙을 내리리니 이것이 그들의 생각의 결과라 그들이 내 말을 듣지 아니하며 내 율법을 거절하였음이니라 (예레미야 6:19)

우리의 생각은 하나님의 말씀을 들을 때 바른 생각을 할 수 있게 됩니다. 우리가 하나님의 말씀을 잘 알아야 하는 이유가 바로 여기에 있습니다. 하나님의 말씀을 바로 알수록 우리의 생각은 하나님을 기쁘시게 할 수 있도록 바뀔 것이며, 하나님의 사람다운 성품으로 변화될 것입니다. 그래서 성경에서는 하나님의 말씀에 귀를 기울이고 들으라고 강조하고 있는 것입니다.

저는 1991년 9월, 고등학교를 졸업한 다음 해부터 교육전도사로의 사역을 시작하였습니다. 고등학교 시절 만났던 목사님으로부터 성경에서 말씀하고 있는 세계관과 복음에 대해 배웠고, 그 배움을 기초로 안산에 세워진 교회에서 사역을 시작하게 된 것입니다. 사실 이 때만해도 저는 성경 전체를 보지 못했고, 어린 시절부터 교회에서 들어왔던 몇몇 인물들이나 역사적인 이야기가 마치 퍼즐

몇 조각이 흩어져 있던 것처럼 알고 있을 뿐이었습니다. 나름대로 성경을 통독도 해보고, 공부도 해봤지만 너무나도 방대한 분량이었기 때문에 쉽게 이해할 수 없었습니다. 그저 부분적으로만 알고 있을 뿐이었습니다.

신학교에 입학을 하고 성경을 공부할 때도 상황은 그리 크게 변하지 않았습니다. 그러는 가운데 두란노서원에서 출판된 '성경탐구 40일'을 만나게 되었고, 이를 기초로 한 '성경 맥 잡기' 세미나를 듣게 되었습니다. 성경의 흐름을 알고 나니 퍼즐조각처럼 흩어져 있던 성경 이야기들이 하나의 큰 그림으로 보이기 시작했습니다. 그리고 디모데성경연구원의 이재학 목사님을 만나 그곳에서 성경의 파노라마라는 세미나의 강사교육을 받으면서 성경의 지리와 주요 인물, 그리고 역사적인 일들이 율동과 함께 쉽게 이해되었습니다. '성경 탐구 40일'과 '성경의 파노라마'는 저의 사역에 귀중한 도구가 되었습니다.

지난 15년간 미국에서 이민교회를 섬기면서 어린이, 중고등부, 청년, 그리고 장년에 이르기까지 성경을 가르치면서 나름대로 저와 같은 교인들이 적지 않다는 것을 보았습니다. 성경에 대해 어느 정도 부분적으로는 잘 알고 있지만 성경의 처음부터 끝까지, 그리고 오늘에 이르기까지 쉽게 설명할 줄 아는 사람이 많지 않았습니다. 이러한 문제는 신앙생활의 길이와는 크게 상관이 없다는 것을 보았습니다.

감사하게도 요즘에는 혼자서 성경을 공부할 수 있도록 도와주는 정보가 많습니다. 출판된 도서나 혹은 인터넷을 통해 문서뿐만이 아니라 동영상 강의까지도 쉽게 접할 수 있는 시대가 되었습니다. 그러나 이렇게 많은 자료들을 가지고 스스로 공부한다는 것은 그리 쉬운 일이 아닌 것 같습니다. 교재들의 분량도 성경책보다는 적지만 그리 만만치 않은 분량이 많습니다. 그래서 좀 더 간결하면서도 짧은 시간 안에 성경 전체의 흐름을 파악할 수 있는 교재가 있었으면 좋겠다는 생각에 이 책을 계획하게 되었습니다.

본 교재는 필자가 교회 학생들을 위해 여름 방학을 이용하여 실시했던 '성경과외'의 내용에서 출발합니다. '성경과외'의 시작은 지난 2005년으로 거슬러 올라갑니다. 교회 학생들의 방학을 이용하여 가가호호 방문하며 실시했던 '성경과외'는 학생들에게 성경 전체를 이해할 수 있도록 도왔습니다. 배우기 전에는 두껍게만 느껴졌고, 내 얘기가 아닌 다른 사람의 이야기로만 생각되었던 성경이 더욱 친근하게 되었다는 것입니다.

학교 공부를 위해 받는 과외 공부... 그렇다면 우리 인생을 위한 과외 공부도 해야 하지 않을까요? 이 '성경과외'는 짧은 시간 안에 쉽고 빠르게 성경 전체를 개관하고, 이해할 수 있도록 돕기 위해 준비되었습니다. 성경의 내용을 부분적으로 알고 있었지만 '성경과외'를 통해 알고 있던 성경의 지식들이 시간의 흐름에 따라 한 줄로 반듯하게 서는 경험을 하게 될 것입니다.

본 '성경과외'는 3부로 구성되었습니다. 1부는 성경의 개괄적인 내용과 성경을 공부할 때 필요한 기초적인 지도와 기후를 간략하게 공부합니다. 또한 성경을 전체적으로 한 눈에 볼 수 있도록 하나의 그림과 함께 성경 전체 줄거리를 정리해 줄 것입니다. 2부에서는 1부에서 다뤘던 내용들을 한 걸음 더 나아가 좀 더 자세하게 다루었습니다. 3부에서는 함께 나누고 싶은 내용이지만 본문에서 다루기에는 분량이 많은 부분을 부록으로 정리하였습니다. 그리고 특징적인 것은 각주입니다. 각주에는 세 가지로 구분되어 있습니다.

| 이해 | 는 성경 본문의 배경이나 역사적 사실, 다른 성경과의 관계를 연결시켜 설명하거나 의미를 쉽게 풀어주는 내용입니다.

| 기억 | 은 성경의 흐름이나 내용을 언어유희적인 방법을 활용하여 쉽게 기억할 수 있도록 도와줍니다.

| 생각 | 은 이 성경과외를 공부하는 여러분과 함께 우리의 신앙생활을 돌아볼 수 있도록 필자의 생각을 정리한 것입니다.

많이 부족한 가운데서도 있는 것을 함께 나눌 때 더욱 풍성해질 수 있음을 믿기에 성경과외를 출판하게 되었습니다. 이 책을 통해 성경을 알고자 하시는 여러분에게 미력이나마 도움이 되었으면 좋겠습니다. 여러분에게 성령 하나님의 도우심이 있기를 축복합니다.

필자의 고등학교 시절부터 지금까지 신앙의 선배로, 교사로 때론 친구로 함께 해 주신 백문기 목사님과, 성경 공부의 눈을 뜨게 해주신 권대식 목사님, 디모데성경연구원의 이재학 목사님께 감사드립니다. 이곳 미시건에서 사역을 시작할 때부터 지금까지 물심양면으로 지원해주고 계시는 Dyne Total Solution 가족들과 '성경과외'를 출판할 수 있도록 용기를 주시고 도와주신 가진수 목사님께 감사드립니다.

신선한교회 김 덕호 목사

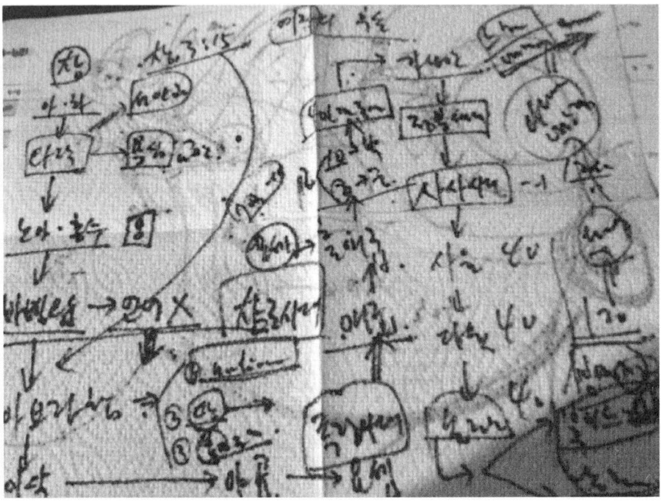

2005년 필자에게 성경 과외를 받던 학생이 간직하고 있는 공부의 흔적

• 추 천 사 •

저자 김덕호 목사는 하나님을 사랑하고 이웃을 사랑하는 분입니다. 그는 하나님의 말씀인 성경을 어떻게 해서라도 많은 사람들이 읽고 잘 이해하여 말씀의 사람으로 살아가게 되기를 원하는 목자의 심정을 가진 목회자입니다. 목사요 선생으로서 저자는 이웃을 향한 뜨거운 마음으로 자신이 연구하고 경험한 성경에 대한 자료와 생각을 정리하여 "성경과외"라는 귀중한 책을 저술하여 출판하게 됨을 진심으로 기쁘게 생각합니다.

혹자는 하나님의 말씀을 세 가지 형태로 구분하고 있습니다. 성육신된 말씀(incarnated word)이 있습니다. 육신을 입은 예수 그리스도가 말씀입니다. 그 다음 기록된 말씀(written word)으로 성경입니다. 여기에 하나님의 마음이 담겨 있습니다. 세 번째, 선포되는 말씀(preached word)으로 설교입니다. 설교를 통하여 하나님의 음성을 듣습니다.

성경 안에서 우리를 기다리시는 하나님의 말씀을 어떤 방편으로

든 만나야 합니다. 이것은 말씀을 제대로 깨달을 때 가능한 일일 것입니다. 오직 하나님의 말씀인 성경을 의지할 때 거기에 생명이 있고 길이 있기 때문입니다. 성경을 떠나서는 아무 것도 할 수 없습니다. 성경을 통하여 하나님을 보고 만나고 체험할 수 있습니다.

이 책에서 김덕호 목사는 "하나님의 말씀을 바로 알수록 우리의 생각은 하나님을 기쁘시게 할 수 있도록 바뀔 것이며, 하나님의 사람다운 성품으로 변화될 수 있을 것이다"라고 강조하고 있습니다. "성경과외"는 3부로 구성되어 1부는 성경의 개괄적인 내용을 다루고, 2부에서는 1부의 내용을 좀 더 심도 깊게 설명하며, 3부에서는 더욱 자세한 내용을 부록으로 정리하여 충분히 설명하고 있습니다.

이번 김덕호 목사의 "성경과외" 출간은 그동안 기독교인들이 말씀의 핵심을 잡지 못하여 답답해하던 것을 말씀에 대한 중요한 핵심 내용의 가닥을 분명히 잡게 함으로 한국과 온 세계에 흩어져 있는 한인 디아스포라들에게 신선한 충격으로 다가올 것을 기대합니다. 평신도에서부터 목회자에 이르기까지 이 저서를 읽으므로, 하나님의 말씀을 좀 더 정확하게 이해하여 하나님의 형상을 닮아 가는 은혜를 경험하게 되기를 기도하면서 모든 분에게 일독할 것을 간곡히 권하는 바입니다.

임성진 부총장(월드미션대학교)

• 추천사 •

모든 성경은 하나님의 감동으로 된 것으로 교훈과 책망과 바르게 함과 의로 교육하기에 유익합니다. 이는 하나님의 사람으로 온전하게 하며 모든 선한 일을 행할 능력을 갖추게 하기 위함입니다. 바울이 그 영적 아들인 디모데에게 남긴 마지막 유서같은 편지의 한 구절입니다. 하나님의 사람이 하나님의 말씀을 통해 세워져 하나님의 선하신 일을 온전히 행하는 것을 보는 것은 비단 바울의 소원만은 아닐 것입니다. 그것은 하나님 아버지의 소원이고, 저의 소원이기도 합니다. 지난 15년간 척박한 이민 목회 현실 속에서 스스로 말씀을 먹을 줄 아는 제자를 길러내기 위하여 애쓴 김덕호 목사님의 눈물과 땀을 이렇게 인쇄된 책으로 만날 수 있어서 참 기쁩니다. 성령이 친히 도우시는 '성경과외'를 통하여 또 다른 디모데가 이 땅 한구석에서 또 세워지기를 기대합니다.

김대진 목사(싱크와이즈 대표, 하늘누리교회 담임목사)

• 추천사 •

김덕호 목사님은 하나님의 거룩한 말씀인 성경을 늘 묵상하며 매일 매일 자신의 삶뿐만 아니라 가족과 이웃, 공동체에게 주님이 기뻐하시는 일에만 집중하고 말씀 안에서 응답되어 실천하는 겸손한 청지기이다. 청소년 시절부터 온전한 복음 안에서 성경말씀을 통해 하나님 나라의 분명하고 확실한 미션을 수행하기 위해 최선을 다해 노력하는 청지기이다. 이 저서를 통해 성도로, 전도자로, 사역자로 주님을 경배하고 경험하고 선포하는 은혜의 삶이되기를 소망한다.

백문기 목사(문화사역자)

• 추 천 사 •

사람들의 머릿속에 '성경'하면 떠오르는 대부분의 이미지는 '두껍다' '두렵다' '어렵다' '무겁다' '복잡하다'와 같은 단어들입니다. 저는 아세아연합신학대학교(ACTS)에서 학부생들을 대상으로 지금까지 5년간 「성경파노라마」 과목을 현장에서 강의해 오면서 그 단어들이 정답임을 체험했습니다. 이런 안타까운 현실 가운데 이번에 디모데성경연구원 미국지부에서 함께 사역했던 저의 오랜 동역자이신 김덕호 목사님께서 출판하신 '성경 과외'는 한국 교회 성도님들에게 성경을 쉽고 재미있게 접하게 해 줄 뿐만 아니라 가장 짧은 시간에 성경 전체의 흐름과 맥을 정확히 집어 주는 탁월한 입문서요, 안내서로서 적합한 책임을 확신합니다. 특별히 이 책을 개인성경공부 및 각 교회 유초등부 주일학교에서부터 장년성경공부까지 사용할 수 있는 교회 현장중심적인 책으로 적극 추천하는 바입니다.

장한구 교수(아세아연합신학대학교)

• 추천사 •

많은 기독교인들이 성경을 늘 읽는지 그리고 매일 매일 공부를 하는지를 질문하면 대부분의 대답은, "어휴, 시간이 없어서…." 혹은, "노력은 하는데 무슨 뜻인지 잘 모르겠어요…." 라는 대답들이 돌아온다. 그러나 조금이라도 하나님과 가까워지고, 자신이 믿는 신앙이 무엇에 대한 믿음인지를 알고자 하는 티끌만큼의 관심이라도 있다고 한다면, 김덕호 목사의 〈성경과외〉는 성경을 이해하고자 하는 초보 또는 대부분의 성도들에게 가장 간결하고 빠른 지름길을 보여 줄 것이다. 이 책은 한 마디로 요약한다면 성경과 성경에 관련된 기초적인 모든 참고서를 이 짧은 한 권에 압축한 것이다. 김덕호 목사의 천재적인 소질은 바로 모든 책들의 간결하고 정곡을 찌르는 〈요약〉이며, 성경의 주제들을 재미 있고, 또 암기하기 쉽게 창안한 도구들을 독자들에게 제공하는 능력이다. 이 책은 결코 성경의 깊이를 위한 책은 아니다. 하지만 가장 기본적이지만 대부분 성도들이 이해하기 어려워하는 구약의 역사적 흐름과 구약과 신약의 관계를 정곡을 찌르는 성경의 키워드들의 조직적인 배열을 통하여 설명한 부분들은 많은 성도들을 무릎 치게 할 것이다. 〈성경과외〉를 두세 번 반복하여 읽는 다면, 그동안 보이지 않던 많은 성경의 퍼즐 조각들이 하나의 완성된 그림으로 보여 질 것이다. 그리고 특히 주일 학교 교사들은 반드시 읽어야 할 필독서로 추천한다. 대부분의 성경 참고서들은 일반 성도들이 읽기에는 너무 어렵고 두껍다. 또는 많은 시간을 투자하여 강의를 들으며 배워야 한다. 하지만 〈성경과외〉는 주일 학교 교사들이 아이들과 학생들에게 어떻게 말씀을 가르쳐야 하는 지에 대한 정보를 제공할 것이다.

김홍근 선교사(인디애나 포트웨인에서)

• 추천사 •

김덕호 목사님의 성경과외는 기독교 역사와 교리에 대한 기본적인 과외 교습서로서 꼭 필요했던 책이라고 봅니다. 저는 어려서부터 세상 학문은 많은 학습지와 교재가 넘쳐나는데, '왜 기독교에는 이런 교재가 부재할까?' 라는 의문을 많이 가졌었습니다. 또 '조기교육이라고 축구 교실, 피아노 레슨, 테니스 레슨, 영어 교육 등은 있는데 왜 성경 조기 교육은 없을까?' '예체능 학교, 상업, 공업학교는 있는데, 성경을 집중적으로 가르치는 중, 고등학교는 없을까?' 이것이 결국 어린 자녀들을 위한 교육에서 시작되는 것이 아닌가 싶습니다. 이스라엘 백성들이 자녀를 낳고 하나님의 말씀을 가르치는 것이 아니라, 하나님의 말씀을 전수하기 위해서 아이들을 낳는다고 합니다. 우리도 이제 하나님의 말씀을 대하는 태도, 전달하는 도구와 교재에 대한 치밀하고 전략적인 접근을 할 때라고 생각합니다. 더욱이 지금 각 교회마다 학생들이 점점 줄어들고 있는 이 시점에 김덕호 목사님의 성경과외는 시의적절한 책이라고 할 수 있겠습니다. 특별히 이 책의 강점은 이미 임상적으로 학생들에게 가르치고 성공적으로 성경과외로서 검증된 것을 독자들에게 나누는 것으로 이미 현장에서 인정받은 살아 있는 교재라고 할 수 있겠습니다. 이 책을 통하여 다시 한 번 성경말씀에 대한 연구와 다가오는 세대에 대한 말씀 가르침의 새로운 바람이 일어나길 희망해 봅니다.

최승목 목사(팜스프링스 감리교회 담임목사)

신약

3부 부 록

1부

성경과외 준비하기

• 1부 •

성경과외 준비하기

1부에서는 성경과외를 준비하는 단계입니다. 여기서는 성경에 대한 기본적인 지식으로부터 시작하여 성경과외를 통해 배우게 될 내용을 한 장의 그림으로 살펴보고, 성경의 지리와 기후를 정리할 것입니다. 그리고 성경의 전체 줄거리를 간략하게 살펴보게 되는데, 이 부분을 여러 번 반복하여 읽으시면 성경 전체의 흐름을 이해하는데 도움이 될 것입니다.

1. 성경에 대한 기초지식

1) 구약과 신약의 구분

역사서		시가서	선지서	
모세오경	역사서	시가서	대선지서	소선지서
5권 창세기 출애굽기 레위기 민수기 신명기	12권 여호수아 사사기 룻기 사무엘상 사무엘하 열왕기상 열왕기하 역대상 역대하 에스라 느헤미야 에스더	5권 욥기 시편 잠언 전도서 아가	5권 이사야 예레미야 예레미야애가 에스겔 다니엘	12권 호세아 요엘 아모스 오바댜 요나 미가 나훔 하박국 스바냐 학개 스가랴 말라기

예수의 복음	성령의 역사		
복음서	역사서	바울서신서	일반서신서
4권 마태복음 마가복음 누가복음 요한복음	1권 사도행전 목회서신 옥중서신	13권 로마서 고린도전서 고린도후서 갈라디아서 데살로니가전서 데살로니가후서 디모데전서 디모데후서 디도서 에베소서 빌립보서 골로새서 빌레몬서	9권 히브리서 야고보서 베드로전서 베드로후서 요한일서 요한이서 요한삼서 유다서 요한계시록

성경[1]은 크게 '구약(Old Testament)'과 '신약(New Testament)'으로 구성되어 있습니다. 이렇게 구약과 신약으로 나누게 된 것은 예레미야 31:31의 '새 언약'에 의하여 신약이란 말이 먼저 나오기 때문입니다. 따라서 새 언약 이전에 주어진 말씀을 구약이라고 부르게 된 것입니다.

---

1) **이해** 성경을 뜻하는 영어 단어 '바이블(Bible)'은 헬라어 '비블로스(biblos)'에서 유래한 말입니다. 헬라어 비블로스의 복수형은 '비블리온(biblion)'인데, 이 비블리온은 라틴어로 '비블리아(Biblia)'입니다. 헬라어 '비블리아'는 '책들(the books)'이라는 뜻이지만, 66권의 전체 책들이 완전한 한 권이기 때문에 성경을 '책(the Book)'이라고 하는 것은 매우 적합한 용어입니다.

여호와의 말씀이니라 보라 날이 이르리니 내가 이스라엘 집과 유다 집에 새 언약을 맺으리라 (렘 31:31)

2) 성경의 구성

구약은 하나님께서 창조(formed)하신 이 세상이 인간의 죄로 말미암아 하나님과의 관계가 끊어져 방향이 왜곡되자(deformed) 그 방향을 바로 잡아가시는(reformed) 하나님의 이야기입니다.[2] 하나님께서는 인간의 죄로 인해 왜곡되어버린 방향을 온전히 회복시키시기 위해 '여자의 후손'을 약속하셨는데 이것을 '원시복음'(창 3:15)이라고 부릅니다.

구약은 크게 세 가지로 구분할 수 있는데 '역사서(모세오경 5권+역사서12권)', '시가서(5권)', '선지서(대선지서 5권+소선지서 12권)'입니다.[3] 하나님은 인간의 죄로 말미암아 심판하시는 분이지만

---

2) **이해** 창조(formed), 타락(deformed), 구속(reformed)은 Albert M. Wolters의 "창조, 타락, 구속", (IVP: 2007)에서 말하는 기독교 세계관의 중심 사상입니다.

3) **기억** 구약성경은 '오-십이-오-오-십이(5-12-5-5-12)'입니다. 십이(12)라는 수는 이스라엘의 12지파와 예수님의 12제자를 기억하시면 쉽습니다. 오(5)! 열두(12) 지파, 오(5), 오(5) 열두(12) 제자 구나! 선지서를 '대선지서'와 '소선지서'로 구분하는 기준은 분량에 따른 것일 뿐 다른 의미는 없습니다.

하나 밖에 없는 독생자 예수 그리스도를 구원자로 보내주실 만큼 '역시 선'하신 분입니다.

신약은 구약에서 약속하신 '여자의 후손'으로서 예수 그리스도께서 오셔서 하나님께로부터 틀어졌던 방향을 온전히 회복시키시고, 예수님이 승천하신 이후 회복의 사역을 사도들과 교회가 성령 안에서 확장시켜 나가는 이야기입니다.

신약은 크게 두 가지로 구분할 수 있습니다. '예수의 복음(복음서 4권)'과 '성령의 역사(사도행전과 바울서신 13권+일반서신 9권)'입니다.[4] '예수의 복음'은 예수님의 생애를 4명의 각각 다른 시각으로 기록한 것이며, 출생과 공생애 사역, 십자가의 죽으심과 부활, 승천에 대한 이야기입니다. '성령의 역사'는 예수님이 승천하신 후에 약속하신 성령님이 강림하셔서 이 땅에 시작된 교회의 역사와 교회를 통해 복음이 확장되어가는 이야기입니다.

역시 선하신 하나님과 그의 독생자 예수, 그리고 성령의 역사가 바로 성경 66권의 내용입니다.

---

4) 기억 신약성경은 '사일삼구(4139)'입니다. '사(4)'랑의 '하나님(1)'의 '세(3)'상 '구(9)'원 이야기!

이처럼 성경은 모두 66권으로 구성되어 있으며, 구약은 히브리어(Hebrew)와 아람어[5]로 쓰였고 모두 39권입니다.[6] 하나님이 세상을 창조하신 이야기로 시작하여, 예수님께서 이 땅에 인간의 몸으로 태어나시기 전까지의 이야기가 기록되어 있습니다. 신약은 헬라어(Greek)로 쓰였으며, 모두 27권입니다. 예수님께서 인간의 몸을 입고 이 땅에 태어나신 이야기로부터 인류의 죄를 위해 죽으시고 부활하시고 승천하셨다가 다시 재림하신다는 이야기입니다.

성경 66권 = 구약 39 + 신약 27

---

5) **이해** 아람어로 쓰여진 성경은 "에스라 4:8-6:18, 7:12-26, 다니엘 2:4-7:28"입니다.

6) **이해** B.C.280년경 알렉산드리아에서 랍비72명이 히브리어로 된 구약을 헬라어로 번역하였습니다. 이것을 '70인역'이라고 부릅니다.

3) 두 개의 큰 명령

성경에는 대표적인 두 개의 큰 명령이 나옵니다. 하나는 성부 하나님께서 주신 명령으로 구약에 있고, 또 하나는 성자 예수님께서 주신 명령으로 신약에 있습니다. 성부 하나님께서 주신 명령은 세상의 모든 만물이 창조된 후 주신 것으로써 세상의 모든 인간이 지켜야 할 **문화명령**입니다(창 1:28). 이 명령은 하나님께서 선하게 창조하신 세계를 하나님의 뜻 가운데 정복하고 다스리라는 명령입니다. 모든 인간이 반드시 지켜야 할 명령이며, 오늘을 살아가는 우리도 지켜야할 지속되는 명령입니다. 무엇보다 하나님과의 친밀한 관계를 누리며 예수 그리스도 안에 있는 자만이 온전하게 지킬 수 있는 명령임을 기억해야 합니다.

> 하나님이 그들에게 복을 주시며 하나님이 그들에게 이르시되 생육하고 번성하여 땅에 충만하라, 땅을 정복하라, 바다

의 물고기와 하늘의 새와 땅에 움직이는 모든 생물을 다스리라 하시니라 (창세기 1:28)

성자 예수님께서 주신 명령은 모든 믿는 자녀들에게 주신 **선교 명령**입니다(마28:19-20). 하나님의 뜻은 모든 사람이 길이요 진리요 생명이신 예수 그리스도를 통해 구원을 얻는 것입니다(요14:6, 딤전2:4). 하지만 구원의 은혜를 경험하지 못하고 참된 진리를 알지 못하는 자들은 결코 지킬 수 없는 명령입니다. 따라서 구원을 받고 진리를 아는 하나님의 자녀가 지켜야하는 명령이며, 이 명령은 삶을 통해 이뤄가야 합니다.[7)]

그러므로 너희는 가서 모든 민족을 제자로 삼아 아버지와 아들과 성령의 이름으로 세례를 베풀고 내가 너희에게 분부한 모든 것을 가르쳐 지키게 하라 볼지어다 내가 세상 끝날까지 너희와 항상 함께 있으리라 하시니라
(마태복음28:19-20)

---

7) 각주 29번(전도)과 97번(선한 일)을 참조하세요.

예수께서 이르시되 내가 곧 길이요 진리요 생명이니 나로 말미암지 않고는 아버지께로 올 자가 없느니라 (요한복음 14:6)

하나님은 모든 사람이 구원을 받으며 진리를 아는 데에 이르기를 원하시느니라 (디모데전서 2:4)

2. '성경과외'를 위한 그림 한 장

'성경과외'를 통해 배울 내용을 한 장의 그림에 담았습니다. 처음 볼 때는 쉽게 이해하기 어려울 수도 있지만 성경과외를 마친 후에는 이 그림 한 장으로 성경 전체가 쉽게 그려질 것입니다.

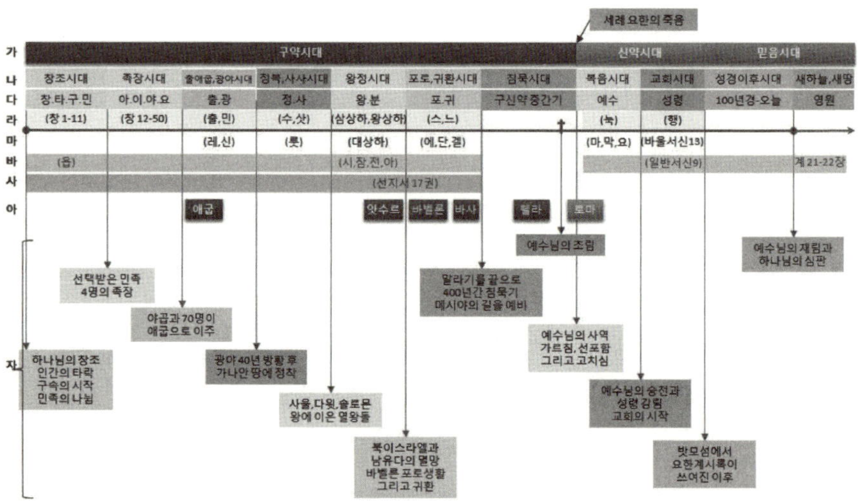

앞의 그림을 보는 방법입니다.

가. 하나님의 창조시대로부터 예수 그리스도의 재림이후의 시대까지를 크게 세 시대로 나눈 것입니다.

나. 세 시대로 나눈 것을 다시 열 시대로 세분화 하였습니다. 열한 번째 새 하늘과 새 땅은 예수님의 재림이후의 삶으로써 구분만 한 것이며 성경과외에서 공부하지 않습니다.

다. 각 시대별로 중요한 주제를 약자로 표시한 것입니다. "창타구민 / 아이야요 / 출광정사/ 왕분포귀 / 침묵예수 / 성령믿음"과 같이 네 글자씩 외우시면 성경과외가 끝난 후에 성경전체의 흐름을 쉽고 빠르게 기억할 수 있을 뿐만 아니라 성경 이야기를 다른 사람에게 전할 때도 도움이 될 것입니다.

라. 성경 66권 중에서 역사적 흐름에 따라 뼈대가 되는 13권의 성경입니다. 성경통독을 처음하시는 분이라면 이 13권을 먼저 읽어보실 것을 권합니다.

마. 뼈대를 이루는 13권의 부록이라 생각하시면 됩니다. 예를 들면 레위기는 출애굽 후에 시간이 정지되어 있는 상태로 5가지 제

사와 7가지 절기에 대해 설명하면서 거룩한 하나님과 같이 하나님의 백성으로서 거룩한 백성들이 되는 방법들을 가르쳐주는 내용입니다.

바. 구약에서는 시가서 5권, 신약에서는 일반서신서 9권이 성경의 전체적인 흐름과는 크게 상관없이 읽을 수 있는 책입니다.

사. 구약의 선지서 17권은 열왕기 시대로부터 침묵시대 전까지 활동했던 선지자들의 이야기입니다. 본서에서는 간략하게 구분하는 정도만 공부할 것입니다. 또한 17권 중에서 다니엘과 에스겔은 포로시대에 쓰여진 책이기에 부록란에도 올렸습니다.

아. 이스라엘과 관련된 열강들의 변화를 보여줍니다. 각 나라의 앞 글자만을 보면 '애. 앗. 바. 바. 헬. 로.'입니다. 지나가는 아이에게 인사해 보세요. "얘야! (나를) 봐봐, 헬로(Hello)!" 한 번에 외울 수 있을 겁니다.

자. 박스에 들어 있는 설명들은 각 시대를 요약해 주는 키워드입니다. 이 키워드만 기억하셔도 성경 전체의 줄거리를 파악하실 수 있습니다.

3. 성경의 지리와 기후

여러분은 성경의 지리와 기후에 대해 공부해 보신 적이 있으십니까? 학창시절 '지루'하게 느껴졌던 '지리'시간 때문에 성경 속에 나오는 지리나 기후에 대해서도 공부할 생각을 못했던 기억이 납니다. 물론 고등학교 때까지 성경의 지리와 기후에 대해 공부해 본 기억도 거의 없습니다. 그렇다보니 성경을 읽으면서 어느 순간에는 지금 우리가 살고 있는 이 땅에서 일어난 일 같지 않다는 생각이 들 때도 있었습니다. 더욱이 중동지역이라는 우리와는 동떨어진 지역에서 2,000여년이 훨씬 지난 그 때의 일들이었기에 더 멀게만 느껴졌던 것이 사실입니다. 하지만 우리가 믿고 있듯이 성경의 모든 "역"사는 우리가 살고 있는 지구 위에서 일어났던 "사"실입니다. 그래서 성경의 지리와 기후를 공부하면 성경을 읽을 때나 설교를 들을 때 이전보다 좀 더 입체적으로 다가오게 될 것입니다.

1) 성경의 지리

하나님께서 천지를 창조하실 때 궁창을 둘로 나누셨고, 땅 위의 물을 한곳에 모으시고 뭍이 드러나게 하셨습니다. 이처럼 땅 위에 흐르는 물은 지역을 나눠줍니다. 성경의 지리 중에 먼저 수역(바다와 강)을 알아보고, 각 지명들을 살펴보겠습니다.

가. 수역

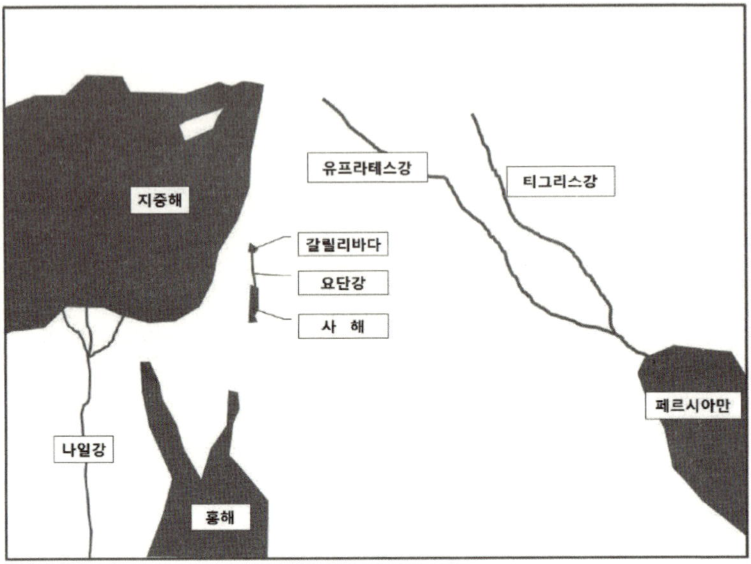

지중해는 이스라엘 사람들이 '대해'(민 34:6, 수 1:4, 겔 47:10)라고 부르던 바다입니다. 성경에 등장하는 또 다른 이름으로는 이스라엘을 기준으로 서쪽에 위치하고 있어서 '서해'(신 11:24; 34:2, 욜 2:20, 슥 14:8), 블레셋 지역에 있어서 '블레셋바다'(출 23:31)라고도 부릅니다.

갈릴리바다는 염분이 있는 바다가 아니라 민물 호수입니다. 예수님은 이곳에서 제자들을 부르셨습니다. 이 갈릴리바다는 사람의 심장 모양을 닮았고, 갈릴리 북쪽에 위치한 헐몬산의 눈이 녹아내린 물이 흘러 들어오는 곳입니다. 크기는 동서간이 약 11Km, 남북간이 약 21Km가량 되고, 물의 깊이는 약 60m 정도라고 합니다. 성경에서 갈릴리바다는 '긴네렛'(민 34:11, 수 13:27; 19:35, 왕상 15:20)으로 나오며 여호수아 11:2에서는 '긴네롯'으로 나오기도 합니다. 신약에서는 두 가지 다른 이름으로도 나오는데 하나는 경관이 아름다워 '왕자의 정원'이라는 뜻으로 '게네사렛'(눅 5:1)이라고 나오고, 또 다른 하나는 헤롯이 로마 황제 '디베리우스'에게 잘 보이기 위해 세운 도시인 '디베랴'와 인접해 있어 '디베랴'(요 6:1)라고도 나옵니다.

요단강은 갈릴리로부터 시작하여 요단 계곡을 따라 남쪽으로 흘러 사해까지 이르는 강으로 그 길이가 장장 100Km에 이릅니다. 건기일 때는 강폭도 좁아지고 흐르는 강물의 양도 적습니다. 하지만 우기 때는 강물이 불어나 강폭도 넓어집니다. 이스라엘 민족이 여호수아와 함께 가나안 땅에 진입하기 위해 요단강을 건널 때에는 '요단이 곡식을 거두는 시기'로써 강물이 가장 많이 불어났던 우기 때를 의미합니다(수 3:14-17).

사해는 말 그대로 '죽은 바다'입니다. 요단강을 따라 흘러 내려온

물이 더 이상 흐르지 않고 고여 있어 붙여진 이름입니다. 그 이유는 지구상에서 가장 낮은 곳 중에 하나(해저 400m정도)이기 때문에 물은 흘러 들어오지만 나가는 곳이 없고 증발만 하기 때문입니다. 이곳에는 중금속 광물질이 녹아 있어 생물이 살지 못하며, 성경에서는 '염해'(창 14:3), '아라바의 바다'(신 3:17, 수 3:16), 혹은 '동해'(욜 2:20, 겔 47:18)라는 세 가지 다른 이름으로도 나옵니다.

나일강은 애굽의 젖줄로 쇠스랑 모양으로 생겼으며, 삼각주를 이루고 물이 풍부해서 농사에 큰 도움이 됩니다.

티그리스강, 유프라테스강은 하란 땅이 있던 북쪽에서부터 두 줄기로 흐르다가 아브라함이 아버지 데라와 살았던 고향 땅인 '갈대아 우르' 지역에서 하나로 만나 페르시아만으로 흘러 들어갑니다. 이 두 강 사이가 메소포타미아 지역이며 비옥한 토지를 이루고 있습니다. 하박국서에 나오는 '갈대아인'은 바로 이 지역에 살던 야만 민족을 말하는 것입니다.

페르시아만은 티그리스강과 유프라테스강이 흘러들어 가는 곳입니다.

홍해는 크게 두 갈래로 갈라져 있는데 왼쪽의 맨 위쪽이 이스라엘 민족이 출애굽을 할 때 건넌 곳으로 알려지고 있고, 갈라지는 곳에 시내산이 있습니다.

나. 가나안 주변 나라들과 지명

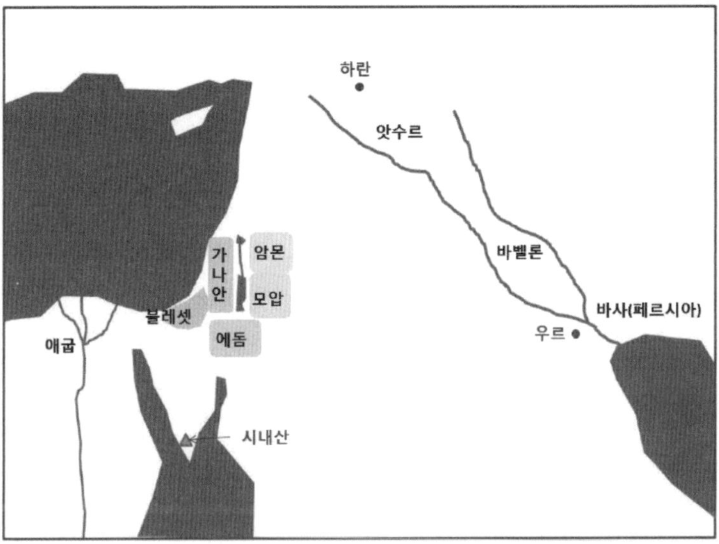

가나안(이스라엘/팔레스타인-블레셋)은 하나님께서 약속하신 땅으로 서쪽으로는 지중해, 북쪽으로는 갈릴리바다로부터 남쪽으로는 사해까지를 말합니다. '사해'를 '동해'라고 부르는 이유는 가나안 땅을 중심으로 동쪽에 위치해 있기 때문입니다. 한 가지 참고

할 만한 것은 가나안 땅이라고 불린 것은 하나님께서 아브라함에게 땅을 약속하신 때부터이며 여호수아시대부터는 민족의 이름인 '이스라엘'로 불렀습니다. 이스라엘이 멸망한 후에는 로마 황제에 의해서 팔레스타인-블레셋이라고 불렀습니다.

이집트(애굽)는 나일강 주변의 아주 오래된 문명의 땅이며 "태양"을 상징합니다. 아브라함은 기근 때에 애굽으로 내려갔었고, 이삭은 내려가지 말라는 하나님의 말씀에 순종하였습니다. 야곱은 기근이 일어났을 때 아들들을 애굽으로 보내서 양식을 구하게 하였는데 그 당시 애굽의 총리가 되어 있던 요셉을 통해 도움을 받을 수 있었습니다. 이후 요셉을 통해 야곱과 그의 가족들은 애굽의 고센 땅에 정착하여 큰 민족을 이룰 때까지 살게 됩니다.

앗수르는 가나안 북쪽의 티그리스강과 유프라테스강의 상류에 있었으며, B.C.722년에 북이스라엘을 멸망시킨 나라이기도 합니다. 후에 바벨론에게 점령당합니다.

바벨론(메소포타미아/갈대아 우르)은 티그리스강과 유프라테스강 사이에 있었고 '비옥한 토지를 소유한 강대국이었습니다. 바벨탑이 세워졌던 곳으로 생각되는 지역이며, 아브라함의 고향인 우르가 이 지역에 있었습니다.

바사(페르시아)는 구약성경에 나오는 마지막 강대국으로 바벨론을 멸망시키고 포로로 끌려 왔던 민족들을 고향으로 돌아가도록 했던 나라입니다. 에스더는 페르시아의 왕비가 되었습니다.

블레셋은 다윗이 이긴 골리앗으로 유명한 나라이며, 5개의 도시(가사, 아스돗, 아스글론, 가드, 에글론)를 중심으로 이루어진 나라였습니다. 블레셋 민족은 이스라엘을 괴롭혔던 민족 중에 하나였으며 이스라엘 백성들을 블레셋으로부터 구원하시기 위해 하나님께서 세우신 사사가 바로 삼손입니다. 이후 이스라엘의 초대 왕이었던 사울은 블레셋과의 전투에서 아들들과 함께 전사하였습니다(삼상 31장).

암몬은 롯과 롯의 둘째 딸의 근친상간으로 태어난 아들의 후손들이 이룬 족속으로써 출애굽한 이스라엘 백성들을 영접하지 않았고, 발람을 고용하여 이스라엘 백성들을 저주하려고 했던 민족입니다. 이 때문에 영원히 하나님의 회중에 들지 못하게 되었습니다(신 23:3-6).

모압은 롯과 롯의 첫째 딸의 근친상간으로 태어난 아들의 후손들이 이룬 족속입니다. 이스라엘을 이끌었던 모세는 가나안 땅에 들어가지 못하고 모압 땅에서 죽었으며(신 34:1-8), 사사시대의 룻도 모압 여인이었습니다.

에돔은 야곱의 형인 에서의 후손들입니다. 이스라엘 백성들이 그들의 땅을 통과하여 가나안 땅으로 갈 수 있게 해달라던 요청을 거절하였던(신 20:14-21) 민족입니다.[8)]

다. 이스라엘의 주요 지명들[9)]

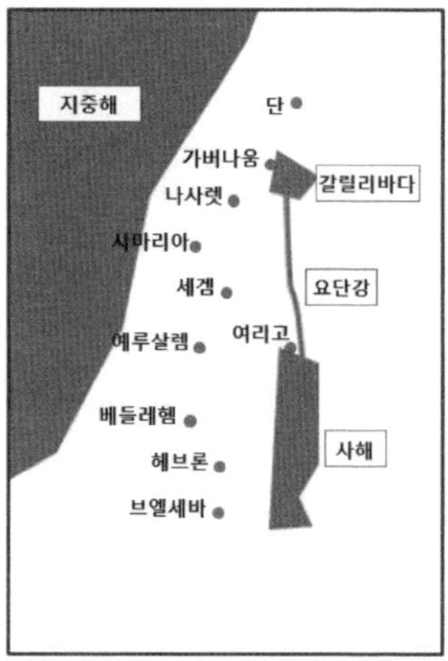

이스라엘을 좀 더 확대해서 살펴보겠습니다.

성경에는 종종 '단에서 브엘세바까지'라는 표현이 나옵니다. 이는 이스라엘을 통틀어 일컫는 표현입니다. 왜

---

8) 기억 암몬, 모압, 에돔의 이름은 '아모레' 화장품을 기억하시면 쉽게 외우실 수 있습니다.

9) 기억 앞자만을 가지고 북쪽 단에서부터 남쪽 브엘세바를 거쳐 중심에 있는 여리고까지, 단번에 가나안에 들어가 사세, 예배드리면 헤븐이 열리네!

냐하면 이스라엘의 최북단이 단이고, 서쪽으로는 지중해가 있으며, 동쪽에는 요단강, 그리고 최남단에는 브엘세바가 있기 때문입니다. 요단강은 갈릴리 바다로 시작해서 사해까지 흐릅니다.

단은 이스라엘의 최북단으로 단지파가 정착했던 곳입니다.

가버나움은 예수님이 주로 사역을 하던 갈릴리 북부의 어업도시입니다.

나사렛은 예수님이 성장하신 곳으로 갈릴리 남서쪽에 위치한 농촌지역입니다.

사마리아는 남유다와 북이스라엘로 분열된 이후 아합의 아버지 오므리에 의해 북이스라엘의 수도가 된 곳입니다.

세겜(수가성)은 그리심산과 에발산 사이에 위치하고 있으며 여호수아와 사사시대의 정치, 군사의 중심지였습니다.

예루살렘은 '평화의 도시'라는 뜻으로 다윗 때부터 이스라엘의 수도가 되었습니다.

베들레헴은 예수님이 태어나신 곳이기도 하지만 다윗의 고향이기도 합니다. "떡집"이라는 뜻입니다.

헤브론은 다윗이 두 번째로 기름부음을 받고 이스라엘의 진정한 왕이 되었던 도시로 유다지파의 중심지입니다. 아브라함이 사라를 장사지내기 위해 샀던 막벨라 굴이 있는 곳이기도 합니다.

브엘세바는 이스라엘의 최남단이며 "언약의 우물"이라는 뜻입니다.

여리고는 세계에서 가장 오래된 도시 중 하나로 바알문화의 중심지로 알려지며, 여호수아가 가나안을 정복할 때 첫 번째 승리를 거둔 곳이기도 합니다.

2) 성경 속의 기후

이스라엘은 우리나라의 약 1/4의 크기지만 기후 변화는 다양합니다. 하나님께서 하나님의 사람들에게 약속하신 땅의 기후의 변화를 알게 되면 하나님의 은혜로 산다는 것이 무엇인지 쉽게 이해할 수 있을 것입니다.

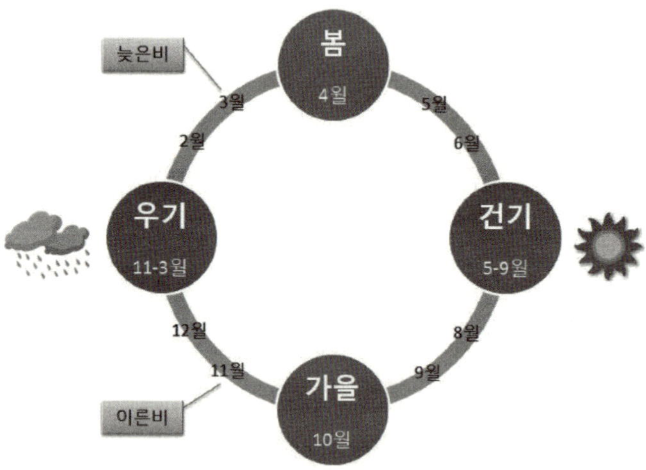

앞의 그림에서와 같이 이스라엘의 일년 날씨는 봄, 건기, 가을, 우기로 나눌 수 있습니다. 4월과 10월은 봄과 가을이라고 할 수 있는데 우기에서 건기로, 건기에서 우기로 변화되는 환절기라고 할 수 있습니다.

건기는 대략 5월부터 9월까지로 강한 태양으로부터 머리와 몸을 가려야 할 정도로 뜨겁습니다. 특히 낮과 밤의 온도 차이는 낮 기온이 섭씨 40도까지 올라가고, 밤에는 스웨터를 입어도 추울 정도입니다. 이스라엘 백성들의 광야생활 가운데 하나님께서 불기둥과 구름기둥으로 인도하셨다는 것이 얼마나 큰 은혜인지를 보여줍니다(출13:21-22).

이스라엘 날씨에서 중요한 것은 바로 이슬입니다. 이슬은 심한 일교차에 의해서 생기는데 여름 건조기에도 아침, 저녁으로 수분을 공급해 농작물을 재배할 수 있게 할 정도입니다(신 33:28; 시 133:3). 그래서 성경에서는 이슬을 하나님의 복으로 비유하며, 이슬이 내리지 않는 것은 저주가 됩니다(왕상 17:1, 삼하 1:21).

우기는 대략 11월에서 3월까지인데 가장 큰 비는 1월초에서 2월 사이에 내립니다. 이 시기에는 폭우가 많이 내리고, 예루살렘을 비

룻한 고산지대에는 눈도 내립니다. 우기가 되면 사막에 풀이 나서 초원을 이루고 파종하고 농사를 짓는 시기입니다. 성경에 나오는 이른 비는 우기가 시작되는 11월경에 오는 비를 말하고, 늦은 비는 우기가 끝나는 3월 말경에 내리는 비를 말합니다.

이스라엘 땅에 부는 바람에는 사막에서 불어오는 동풍과 지중해에서 불어오는 서풍이 있습니다. 동풍은 건기에 불어오는 바람으로 매우 뜨거운 열풍(출 14:21)이며, 초목을 마르게 하고(창 41:6, 요 4:8), 우물까지도 마르게 합니다(호 13:15). 서풍은 지중해에서 부는 바람인데 성경에서는 큰 비를 몰고 오는 바람으로 등장합니다(왕상 18:42-45).

4. 성경 전체 줄거리

성경과외를 위해 이 부분을 두세 번 반복해서 읽으시면서 전체적인 흐름을 먼저 익히시면 좋습니다.

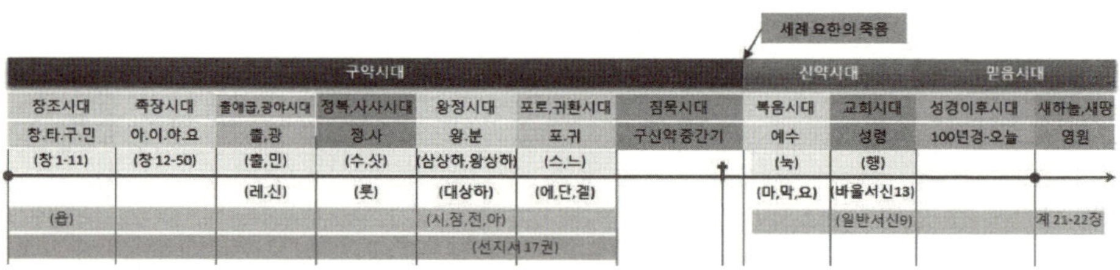

1) 창.타.구.민.(창세기 1~11장)

창조는 우리가 언제인지 알지 못하는 '태초'에 성부 하나님, 성자 예수님, 성령 하나님에 의해 시작되었습니다. 6일 동안 모든 만물을 만드시고, 마지막으로 흙을 가지고 각종 동물과 인간을 지으셨습니다. 인간을 지으실 때는 흙으로 빚으시고 그 코에 생기를 불어넣으셔서 살아 있는 영이 되게 하셨습니다. 하나님은 인간에게 모든 세상을 정복하고 다스릴 수 있도록 하시면서 선악과만은 따 먹지 말라는 명령을 하셨습니다. 하지만 인간은 모든 자유를 누리는 가운데서도 하나님과 같이 되고자 하는 욕심 때문에 하나님의 명령을 어기고 타락하였습니다.

하나님께서는 타락하여 영원히 죽을 수밖에 없는 인간을 구원하시기 위해 여자의 후손으로써 메시야를 약속하셨습니다. 세상을 구속하시기 위한 하나님의 역사는 인간의 타락과 함께 시작된 것입니다. 타락한 인간은 모든 생각이 악할 뿐이었습니다. 그래서 하나님께서는 이 땅의 모든 생물을 홍수로 심판하시면서 하나님과 동행하던 노아와 그 가족만은 심판 가운데서 구원하셨습니다.

노아로부터 시작된 인류는 또 다시 하나님께 순종하지 않고 바벨탑을 높이 쌓으며 자신들의 이름을 내고자하는 교만한 역사를 일으켰습니다. 하나님은 이러한 문제가 인간의 언어가 하나인 것에서 비롯되었다고 보시고 인간의 언어를 혼잡하게 하심으로 민족들이 나뉘게 하셨습니다.

2) 아.이.야.요.(창세기 12~50장)

하나님께서는 여러 민족 가운데 메시야를 이 땅에 보내시기 위해 이스라엘 민족을 택하십니다. 이스라엘 민족의 첫 족장이 바로 아브라함입니다. 아브라함은 75세에 하나님께 부름을 받고 100세에 아들 이삭을 얻음으로써 하나님의 언약 백성으로서의 역사를 이어갑니다.

이삭은 에서와 야곱을 낳았는데 장자였던 에서의 복을 빼앗은 동생 야곱은 이삭을 속이며 장자의 복까지 가로채고 도망자가 됩니다. 야곱의 이름은 '이스라엘'로 개명되었고, 12명의 아들을 낳아 이스라엘의 12지파를 이루었습니다.

야곱의 11번째 아들 '꿈꾸는 자' 요셉은 형들에게 미움을 받아 애굽의 노예로 팔려갑니다. 하지만 하나님이 요셉과 함께 하셔서 형통의 복을 누리며 애굽에서 총리가 됩니다. 온 땅에 기근이 일어났을 때 야곱과 70명의 가족들은 애굽의 고센 땅에 정착하여 이스라엘이 큰 민족이 되기까지 살게 됩니다.

3) 출.광.(출애굽기~신명기)

애굽 땅에 정착하여 살던 이스라엘 백성들은 요셉을 알지 못하는 왕이 다스리면서부터 노예로 전락하고 맙니다. 하나님께서는 백성들의 울부짖음을 들으시고 모세를 지도자로 세워 애굽에서 이끌어 내셨습니다. 이스라엘 백성들은 출애굽이 이뤄지기까지 보여주신 하나님의 능력과 은혜를 망각하고 불신함으로써 2-3주면 갈 수 있는 약속의 땅을 무려 40년이나 광야에서 방황한 후에야 들어갈 수 있게 됩니다. 40년 동안 광야에서 방황할 때에도 하나님께서는 성막에 임재하셔서 이스라엘 백성들과 함께하셨으며, 밤에는 불기둥으로 낮에는 구름기둥으로 이스라엘 백성들을 인도하셨습니다.

4) 정.사.(여호수아~룻기)

하나님께서 약속하신 가나안 땅에 들어가는 일도 만만치 않은 일이었습니다. 여리고성을 시작으로 7년간 31번의 전쟁을 치르고서야 정복할 수 있었습니다. 정착한 땅에서는 왕이신 하나님을 저버리고 자신들의 소견에 옳은 데로 행하는 죄악을 행하였습니다. 하나님께서는 이스라엘 백성들의 죄악을 징계하셨지만 이스라엘 백성들이 죄를 회개하고 하나님께 부르짖을 때마다 사사들을 세우셔서 구원해주셨습니다. 죄악으로 어두웠던 사사시대에 모압 여인 룻은 하나님을 선택하여 다윗의 증조모가 되는 은혜를 입었습니다.

5) 왕.분.(사무엘상 • 하, 열왕기상 • 하, 역대상 • 하)

이스라엘 백성들은 계속해서 왕이신 하나님을 버리고 이방나라들과 같이 왕을 세워달라고 외쳤습니다. 하나님께서는 백성들의 요구를 허락하셔서 왕들이 다스리는 나라가 되었습니다. 이스라엘의 첫 왕으로는 사울을 세우셨지만 그는 하나님께 전혀 마음이 없었습니다. 그의 뒤를 이은 다윗 왕은 하나님께 모든 마음을 다했던 유일한 왕이었습니다. 다윗은 그의 아들 솔로몬에게 하나님의 성전 도면과 함께 왕위를 물려줬고, 솔로몬은 하나님의 성전을 봉헌했지만 후에는 왕의 규례를 지키지 않아 하나님을 떠나고 맙니다.

솔로몬이 죽은 후에는 이스라엘이 남과 북으로 분열하게 되어 남쪽에는 두지파가, 북쪽에는 열지파가 다스리게 되었습니다. 북쪽은 이스라엘이라 불렀는데 약 208여년 동안 19명의 왕이 다스렸지만 모두 하나님을 따르지 않던 악한 왕들이었습니다. 그래서 B.C.722년에 앗수르에 의해 멸망당하게 됩니다.

남쪽은 유다라 불렀는데 약 350여년 동안 20명의 왕들이 다스렸습니다. 북이스라엘과는 달리 남유다에는 8명의 선한 왕이 있어 하나님의 율법을 지키고자 개혁을 단행하기도 했습니다. 그러나 하나님의 말씀을 듣지 않고 따르지 않아 앗수르를 정복한 바벨론에게 B.C.586년에 예루살렘에 있던 성전이 완전히 파괴되면서 멸망당하고 맙니다.

6) 포.귀.(에스라~에스더, 다니엘, 에스겔)

남유다 백성들은 B.C.605년부터 3차례에 걸쳐 포로로 끌려갔고 하나님의 말씀대로 70년이라는 시간동안 포로생활을 하였습니다. 바사 왕국은 바벨론을 점령했고 바사 왕국의 고레스 왕은 포로로 끌려온 백성들에게 각기 고향으로 돌아가라고 칙령을 내렸습니다. 이 때 스룹바벨로 시작하여 3차에 걸쳐 귀환하면서, 스룹바벨은 성전을 재건했고, 에스라는 하나님의 말씀으로 백성들의 마음을 회복시켰으며, 느헤미야는 성벽을 재건하였습니다.

7) 침묵

아담으로부터 시작된 하나님에 대한 불순종은 이스라엘이 분열되고, 나라가 멸망당하여 포로로 끌려가는 고난을 당했어도 고쳐지지 않았습니다. 그래서 하나님께서는 말라기 선지자를 끝으로

400여년 동안이나 침묵하시면서 하나님 자신을 위하여, 모든 인간을 죄에서 구원하시기 위하여 길을 여시고 언어를 통일시키시면서 메시야의 길을 준비하셨습니다.

8) 예수(마태복음~요한복음)

창세기 3:15절에 약속하신 '여자의 후손'으로 예수 그리스도께서 이 땅에 오셨습니다. 예수 그리스도의 탄생은 인간의 씨가 아닌 성령으로 말미암은 것입니다. 예수 그리스도는 우리와 같은 인간의 몸으로 오셨지만 죄는 없는 분이셨고, 이 땅에 사시는 동안 사람들을 가르치시고, 복음을 선포하시고, 병든 자와 귀신 들린 자, 약한 자들을 고쳐주시며 하나님 나라를 전하셨습니다. 그리고 하나님의 때가 되어 십자가에서 모든 인간의 죄를 대신하는 희생 제물이 되셨습니다. 예수 그리스도는 십자가에서 죽으셨다가 장사한지 삼일만에 부활하셨고, 40일 후에 사람들이 보는 앞에서 하늘로 승천하셨습니다.

9) 성령(사도행전~요한계시록)

예수 그리스도께서 승천하신 후 10일이 지난 오순절 날에 약속하신 성령께서 이 땅에 강림하셨습니다. 성령께서는 바벨탑 사건으로 혼잡해졌던 언어가 회복되는 것을 경험케 하셨고, 예수 그리스도를 따르는 무리, 즉 교회를 세우시고 확장시켜 나가십니다. 교회의 확장은 곧 하나님 나라의 확장이며, 이를 위해 예수 그리스도를 핍박하던 바울을 사용하셔서 교회가 확장되도록 하셨습니다. 그리고 성령 하나님의 역사는 오늘을 사는 우리에게까지 지속되고 있으며, 예수께서 승천하시면서 약속하신 재림의 때, 곧 하나님께서 이 땅을 마지막으로 심판하실 그날까지 우리와 함께 하실 것입니다.

10) 믿음으로(모든 성경)

이 땅에서 우리는 오직 믿음으로 살아야 합니다. 믿음은 하나님과의 친밀한 '관계'를 의미합니다. 그 옛날 하나님과 동행하다가 이 땅에서 죽음을 보지 않고 데려감을 받은 에녹과 같이 하나님과 동행하는 삶이 우리가 알고 있는 영생의 참 의미입니다. 성경에는 하나님과 동행하다가 육체적 죽음 없이 하늘로 올라간 두 사람(에녹과 엘리야)이 나옵니다. 또한 죽었다가 다시 살아나는 것을 경험한 사람들도 있습니다. 예수님은 육체적 죽음도 경험했고, 부활을 통해 부활한 육체에 대한 신비도 보여주셨습니다. 그리고 하늘로 승천하셨습니다. 성령님의 도우심으로 부활의 산 소망되신 예수님을 따라 하나님과 동행하는 영생의 삶을 지금부터 영원까지 누리시기를 축복합니다.

2부에서는 앞에서 공부한 내용에서 한 걸음 더 나아가 구약과 신약을 10개 시대로 나누어 공부합니다.

2부
한 걸음 더

• 2부 •

한 걸음 더

구약

우리에게 있는 성경은 구약과 신약으로 나누어집니다. 앞에서 살펴봤듯이 구약과 신약의 구분은 예레미야 31:31절을 토대로 되었습니다. 그렇다면 하나님의 천지 창조로부터 시작된 구약시대는 언제까지를 말할까요? 예수님은 구약시대의 끝은 예수님의 오실 길을 예비했던 세례 요한의 죽음까지라고 말씀하셨습니다.

모든 선지자와 율법[10]이 예언한 것은 요한까지니
(마 11:13)

구약시대는 모두 7개의 시대로 나누어 공부할 것입니다.

1. 창조시대-창조, 타락, 구속, 민족의 나뉨
2. 족장시대-아브라함, 이삭, 야곱, 요셉
3. 출애굽과 광야시대-출애굽, 광야 방황
4. 정복, 정착 그리고 사사시대-가나안을 정복, 정착, 사사들의 다스림
5. 왕정시대-왕들의 다스림, 분열된 왕국
6. 포로시대와 귀환-포로생활에서 귀환
7. 침묵시대-하나님의 침묵과 일하심

10) 이해 신약성경에서 '선지자와 율법'이라는 말씀은 구약성경의 선지서와 모세오경을 말합니다. 따라서 '모세와 선지자'의 예언한 것이 세례요한까지라는 의미는 구약시대의 끝이 세례 요한의 죽음까지라는 말씀입니다. 구약시대가 끝이 났다는 것은 예수 그리스도의 복음시대가 시작되었음을 알려줍니다.

1. 창조시대-창조, 타락, 구속, 민족의 나뉨

성　　경 : 창세기 1~11장
주요내용 : 천지 창조, 인간의 타락, 메시야 약속, 홍수심판, 바벨탑과 민족들의 나뉨
주요인물 : 아담과 하와, 가인과 아벨, 에녹, 노아

창세기 1장부터 11장까지는 세상 모든 역사의 가장 기초가 되는 내용입니다. 하나님께서 우주 만물을 창조하신 이야기로부터 인간의 창조와 타락, 타락한 인간을 죄에서 구원하시기 위한 여자의 후손을 약속하신 이야기와 홍수 심판, 그리고 바벨탑 사건으로 말미암아 민족들이 나눠지게 되는 이야기입니다.

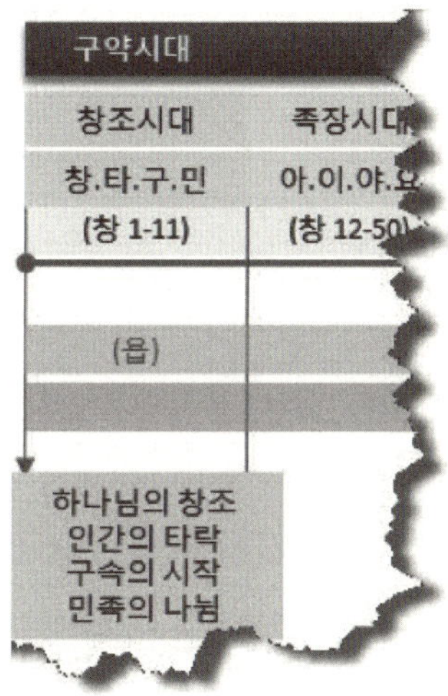

1) 천지창조(1~2장)

하나님의 천지창조는 아무것도 없는 '무(無)'에서 시작되었습니다. 창조의 역사는 6일 동안 진행되었고, 6일째 인간을 창조하신 후, 7일째는 안식하셨습니다. 하나님의 창조는 공간을 먼저 만드

시고 내용물을 채우시는 방식으로 질서 있게 창조하셨습니다.

공간	실체
첫째 날 : 빛과 어둠	넷째 날 : 해와 달과 별
둘째 날 : 궁창 위의 물과 아래 물로 나누심	다섯째 날 : 공중의 새와 어류, 바다짐승
셋째 날 : 땅과 바다, 풀과 씨 맺는 채소, 씨 가진 열매 맺는 나무	여섯째 날 : 땅의 짐승을 종류대로, 가축, 기는 것, 인간을 빚으심[11]
일곱 째날 : 안식[12]	

11) 생각 인간 수학 공식: '인간=흙+하나님의 영', 그렇다면 '인간-하나님의 영=흙=짐승(창 2:19)' 인간의 범죄 이후 뱀에게 내려진 징계는 "여호와 하나님이 뱀에게 이르시되 네가 이렇게 하였으니 네가 모든 가축과 들의 모든 짐승보다 더욱 저주를 받아 배로 다니고 살아 있는 동안 흙을 먹을지니라(창 3:14)"입니다. 그러나 우리가 잘 알듯이 뱀은 흙을 먹지 않습니다. 뱀은 살아있는 것만 먹습니다. 여기서 뱀의 먹이는 바로 '하나님의 영이 떠난 인간'이라는 의미로 이해할 수 있습니다.

12) 생각 안식의 진정한 의미: 안식일을 거룩하게 지킨다는 것은 오늘날 '온전한 주일성수'라는 말로 대체되었습니다. 그러면서 구약에서의 안식일 개념과 같이 주일에는 일하지 말고 쉬어야 한다고 이해되기도 합니다. 하지만 안식의 진정한 의미는 생계를 위해 하던 일(노동)을 쉬는 것이라기보다 하나님께서 행하신 일을 기억하고 하나님과의 친밀한 관계 안에 사는 것을 의미합니다. 아담은 여섯째 날 창조되었고 일곱째 날 하나님과 함께 안식을 가졌습니다. 만약 아담이 창조된 후에 안식하지 않고 일을 했다면, 이는 하나님의 창조가 부족했다는 것을 의미하게 됩니다. 따라서 아담이 창조된 후 바로 안식을 취했다는 것은 하나님께서 하신 일이 완전했으며, 아담은 이것을 찬양했다는 것을 말합니다. 진정한 안식의 비밀은 하나님을 예배함에 있으며, 이 예배는 우리의 삶으로 드리는 것임을 기억해야 합니다.

2) 인간의 타락과 구원자 약속(3장)

하나님께서는 인간에게 필요한 모든 것을 주셨습니다. 아담과 하와를 위해 에덴이라는 동산을 만드셔서 그 안에 살게 하셨습니다. 에덴동산 주변에는 네 개의 강이 흘렀고 각종 실과가 풍성한 나무들이 있었습니다. 아담과 하와는 이 모든 것들을 마음껏 먹을 수 있었습니다. 하지만 한 가지 조건이 있었습니다. 그것은 동산 중앙에 생명나무와 함께 있던 '선악을 알게 하는 나무[13]'의 열매를 따 먹지 말라는 것이었습니다. 이 얼마나 쉬운 일입니까? 99%의 자유를 누리기 위해 단 1%만 하지 않으면 되는 가장 쉬운 일이었습니다. 동산 중앙에 단 한 그루만 있던 선악을 알게 하는 열매 외에 풍성한 각종 실과를 먹을 수 있었습니다. 그러나 피조물로서의 자리를 지키지 않고 하나님과 같이 되고자 하는 욕심 때문에 하나님의 명령을 저버리고 선악을 알게 하는 나무의 열매를 따 먹고 말았습니다. 이 죄 때문에 하나님과의 관계가 깨지게 되면서 타락[14]

---

13) **생각** 선악과는 왜 주셨을까요? : 선악과는 한마디로 'Know your self!'라는 말로 표현할 수 있습니다. 즉, 세상을 정복하고 다스릴 권한을 인간에게 주셨지만, 생명나무 옆에 있던 선악을 알게 하는 나무를 바라보며 우리도 우리가 다스리는 세상과 같이 하나님의 창조물임을 확인시켜 주시기 위한 것이었습니다. 다시 말해, 하나님과 인간은 곧 창조주와 피조물, 주인과 종의 관계임을 확인시켜주기 위한 안전장치였던 것입니다. 겸손의 시작은 우리의 자리를 알고 지키는 것입니다.(각주 31번 요셉의 이야기 참조)

14) **생각 이해** 인간의 타락은 어디서부터 시작되었을까요? 적지 않은 사람들이

하게 되었습니다.

하지만 하나님께서는 타락한 인간을 영원히 죽게 두지 않으시고 '여자의 후손[15]'을 약속하셔서 구원하시겠다고 약속하셨습니다. 이 여자의 후손이 메시아이신 예수 그리스도이십니다.

사단 때문이라고 쉽게 말하기도 합니다. 하지만 사단의 역할은 아담과 하와 안에 있던 하나님과 같이 되고자 한 욕심이 잉태하여 죄를 낳도록 유혹한 것뿐입니다. 그 욕심에 대해서는 예수님의 동생 야고보가 성령의 감동을 따라 기록한 야고보서 1장에서 말씀하고 있습니다(야고보서 1:12-15). 사단은 아담과 하와만이 아니라 예수님도 유혹(시험)했고(눅 4:1-13), 오늘도 여전히 우리를 유혹하고 있습니다. 그 유혹의 패턴은 언제나 같았습니다. 사도 요한을 통해 기록된 요한일서에서 말씀하고 있는 육체의 정욕, 안목의 정욕, 이생의 자랑(요일 2:16)이 바로 그것입니다. 아래 표를 보시면 사도 요한이 알려주고 있는 세 가지가 아담과 하와와 예수님을 어떻게 유혹하고 있는지 알 수 있습니다. 물론 그 결과는 우리가 알고 있는 데로 아담과 하와는 욕심대로 행동하여 죄를 낳아 사망에 이르렀고, 예수님은 하나님의 말씀을 의지하여 유혹으로부터 승리하였습니다. 이러한 결과에 대해 사도 바울은 첫째 아담의 범죄로 말미암아 많은 사람이 정죄에 이른 것 같이 둘째 아담(예수 그리스도)의 의로운 행위로 말미암아 많은 사람이 의롭다 하심을 받아 생명에 이르렀다고 선포합니다(롬 5:12-21, 고전 15:45).

창세기 3:6과 요한일서 2:16, 그리고 누가복음 4:1-13의 비교		
창세기 3:6	요한일서 2:16	누가복음 4:1-13
먹음직도 하고	육체의 정욕	돌들을 떡 덩이가 되게 하라
보암직도 하고	안목의 정욕	마귀가 천하만국을 보이며
지혜롭게 할 만큼	이생의 자랑	여기서 뛰어 내리라

15) **이해** 여자의 후손 → 아브라함 → 다윗 → 보아스 → 예수 그리스도로 연결됩니다(마태복음 1장의 예수님의 족보).

내가 너로 여자와 원수가 되게 하고 네 후손도 여자의 후손과 원수가 되게 하리니 여자의 후손은 네 머리를 상하게 할 것이요 너는 그의 발꿈치를 상하게 할 것이니라 하시고

– "원시복음"이라 불리는 (창세기 3:15) –

3) 죄의 결과–죽음과 홍수 심판(4~10장)

창세기 4장에는 사람이 사람을 살인한 최초의 사건이 나옵니다. 그것도 아담의 자녀였던 가인이 자기 동생 아벨을 죽인 사건입니다. 더욱 놀라운 사실은 살인의 동기입니다. 가인이 동생 아벨을 죽인 이유가 다름 아닌 하나님께서 자신이 드린 제사는 받지 않으시고 동생의 제사만 받으셨다는 이유였기 때문입니다.[16)]

5장에서는 세상에서 가장 오래 살았던 사람들이 등장합니다. 여

---

16) **생각 이해** 가인의 제사가 열납되지 못한 이유는 무엇일까요? 아벨은 양을 제물로 삼아 피 흘림이 있는 제사를 드렸기 때문에 하나님께서 열납하시고, 가인은 곡식으로 드렸기 때문에 열납되지 못했다고 이해하는 경우도 있습니다. 레위기서를 통해 말씀하시는 제사의 종류에 곡식으로 드리는 '소제'가 있는 것을 보면 제물 때문이 아니라는 것을 짐작할 수 있습니다. 신약의 히브리서에서는 이 문제를 '믿음'의 문제라고 말씀하고 있습니다(히 11:4, '믿음으로 아벨은 가인보다 더 나은 제사를 하나님께 드림으로…'). 여기서 '믿음'이라는 단어를 '관계' 혹은 '동행'이라는 단어로 바꿔서 읽어보세요. 믿음이라는 단어가 좀 더 구체적인 의미로 이해될 것입니다.

기에 등장하는 여섯 명[17]의 평균 수명은 무려 907세나 됩니다. 900여년을 장수했던 그들이 어떻게 되었습니까? 모두 '죽었다'라고 말씀합니다. 하지만 일곱 번째 소개되는 사람은 죽었다는 말 대신 '살다가 하나님이 데려가셨다'라고 표현하고 있습니다. 그 이유가 무엇일까요? 창세기 5:22절을 보면 그에 대한 답이 한 단어로 표현되고 있습니다. 바로 '동행[18]'이라는 단어입니다.

> 에녹은 육십오 세에 므두셀라를 낳았고 므두셀라를 낳은 후 삼백 년을 하나님과 **동행**하며 자녀들을 낳았으며 그는 삼백육십오 세를 살았더라 에녹이 하나님과 **동행**하더니 하나님이 그를 데려가시므로 세상에 있지 아니하였더라
> (창세기 5:21-24)

---

17) **이해** 아담(930세), 셋(912세), 에노스(905세), 므두셀라(969세), 라멕(777세), 노아(950세) = 평균 나이 약 907세.

18) **생각** 영생의 진정한 의미 : 우리가 말하는 영생이란 삶의 길이, 즉 오래 산다는 시간적인 의미보다는 삶의 질을 말하는 것입니다. 왜냐하면 지옥에 가는 사람도 죽지 않고 영원히 고통 중에 살기 때문입니다. 따라서 누구와 어떻게 오래 사느냐!, 바로 이것이 진정한 의미의 영생을 말해주는 것입니다. 영생은 "하나님과 영원히 동행하며 생활하는 것"입니다. 요셉의 이야기를 통해서도 알 수 있는 것은 그가 형들에게 노예로 팔려가는 어려움을 당하고, 보디발의 아내의 유혹을 이겨내는 과정에서 억울하게 감옥에 갇히게 되지만 "하나님이 함께 하심으로 형통했다(창 39장)"고 성경은 말씀합니다. 하나님과 동행하는 것, 함께 하는 것이 영생이요 이 땅에서의 형통의 비결인 것입니다.

6장부터는 하나님께서 이 땅에 사는 사람들의 생각이 모두 악한 것을 아시고 세상의 모든 육(6장)체를 홍수로 심판하시는 이야기입니다. 이때 에녹과 같이 하나님과 '동행'했던 노아와 그의 가족들을 구원하셨습니다. 하나님께서는 노아에게 구원의 도구로써 산 위에 방주[19]를 만들라고 명령하시고, 어류를 제외한 모든 동물들을 쌍을 이루어 방주에 타게 하셔서 홍수로부터 동물들을 보호하시고 홍수심판 후에 생육하고 번성할 수 있게 하셨습니다. 홍수심판 후에는 세상에 흩어져 생육하고 번성하도록 복을 주시며 명령하셨습니다.

4) 바벨탑 사건과 민족들의 나뉨(11장)

창세기 11장[20]에는 사람들이 사용하는 말과 언어가 하나였다고 알려줍니다. 모든 사람들이 하나의 언어로 의사소통이 가능했다는 말입니다. 하지만 사람들은 이렇게 좋은 환경을 죄를 짓는데 사용

---

19) **생각 이해** 노아의 방주: 히브리 원어는 모세를 담았던 '갈대 상자(출 2:3)'도 같은 단어를 사용합니다. '방주'라는 단어는 일반적인 배와는 다르게 조종할 수 있는 키가 없는 배를 말합니다. 따라서 원하는 데로 항해할 수 있는 것이 아니라 바람 부는 데로, 물결이 흐르는 데로 떠다니는 것, 즉 나의 의지가 아닌 하나님의 인도하심에 따라 움직이게 된다는 것을 의미합니다. 노아의 방주가 멈추게 된 것도, 모세의 갈대 상자가 바로의 공주에게 떠내려 간 것도, 모두 하나님의 섭리하심입니다.

20) 11장으로 연결해본 성경이야기가 3부에 있습니다.

했습니다. 흩어져 살라고 하신 하나님의 명령을 불순종하여 흩어짐을 면하기 위해 바벨탑을 쌓았습니다. 이뿐 아니라 자신들의 이름을 내기위해 바벨탑을 하늘에 닿게 하려고 했습니다. 바벨탑 사건은 아담과 하와의 타락이후 인간의 교만함의 극치를 보여주는 사건이었습니다. 하나님께서는 바벨탑 사건으로 인해 인간의 언어를 혼잡케 만드셨습니다. 이로써 민족이 나눠지게 되었습니다.[21)]

---

21) **이해** 바벨탑 사건(창세기 11장)으로 혼잡하게 된 인간의 언어는 예수 그리스도의 승천 이후 성령님이 강림 하셨을 때 다시 하나로 회복되는 경험을 하게 됩니다(사도행전 2장–방언). 창세기 11장: 언어의 혼잡 → 사도행전 2장: 성령의 은사인 방언으로 인해 다른 언어가 들리게 되었습니다.

기억 창세기 11장의 '11'을 각각 1로 생각하여 1+1을 2로 연상하시면 기억하기 쉽습니다. 온 세상 만물의 시작을 알리는 창세기와 성령 강림으로 교회의 시작을 알리는 사도행전을 기억하세요.

2. 족장시대-아브라함, 이삭, 야곱, 요셉

성　　경 : 창세기 12~50장, (욥기)[22]
주요내용 : 민족들 가운데 이스라엘 민족을 택하심, 이스라엘 초기 4명의 족장 이야기
주요인물 : 아브라함, 이삭, 야곱, 요셉

바벨탑 사건으로 민족이 나눠지게 된 가운데 하나님께서는 '여자의 후손'으로 약속하신 메시야를 보내시기 위해 민족을 택하십니다. 이 민족은 아브라함으로부터 시작되고, 그의 손자 야곱의 이름이 이스라엘로 바뀌면서 이스라엘[23]이라고 불리게 됩니다.

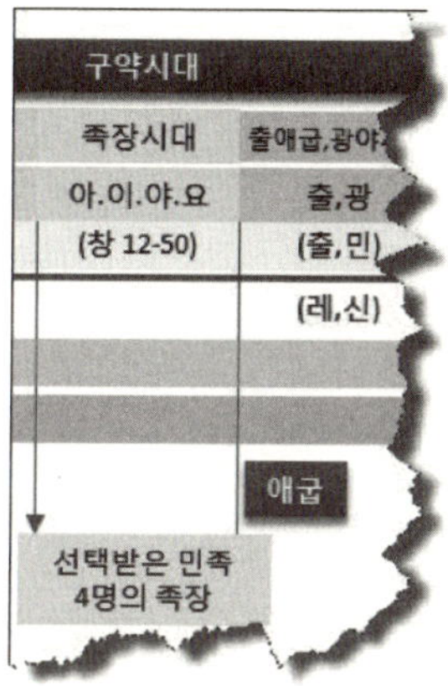

22) **이해** ( )안의 성경, 욥기는 아브라함과 같은 족장시대의 이야기입니다. 1부에서 살펴본 '성경과외'를 위한 그림 한 장(p.34)을 참조하시면 성경의 뼈대를 이루는 성경과 같은 시대 혹은 보충이 되는 부록과 같은 성경을 확인하실 수 있습니다. 기억하고 계시죠? ^^

23) **이해** 왜 하나님이 이스라엘 민족을 택하셨을까? 짐작해 볼 수 있는 것은 그들만의 결혼 풍습에 있습니다. 이스라엘 민족은 정혼만 하면 부부로 인정이 되지만 신랑이 신부를 데리러가서 혼인 예식을 거행하기 전까지는 동침할 수 없습니다. 예수 그리스도의 탄생은 다윗의 자손 요셉과 마리아 사이에서 이루어졌는데, 요셉과 마리아가 정혼한 이후, 혼인하기 전이었기 때문에 요셉의 씨가

1) 아브라함(12~23장)

아브라함은 하나님의 주권에 의해 선택되었고, 하나님으로부터 일방적인 언약을 받게 된 믿음의 조상입니다. 그는 75세에 부름을 받았고 100세에 아들 이삭을 얻기까지 오직 하나님만 바라고 의지하는 훈련을 받았습니다. 하나님께서는 아브라함에게 믿음을 주셨고 그의 믿음을 의로 여기셨습니다.

> 아브람이 여호와를 **믿으니**[24] 여호와께서 이를 그의 의로 여기시고 (창세기 15:6)

하나님께서는 아브라함에게 모든 민족의 복의 근원이 되게 하신다는 언약을 하셨고, 수많은 자손과 가나안 땅을 약속하셨습니다.

아닌 성령으로 말미암아 잉태할 수 있었던 것입니다.

24) 생각 아브라함 이야기에서 기억해야 할 것 중 하나는 '믿음과 의'의 관계입니다. 창세기 15장 6절에 나오는 '믿으니'라는 말은 사역동사입니다. 사역동사는 '타인에 의해 ~하게 되었다'라는 의미를 나타냅니다. 아브라함이 하나님을 믿었다는 것은 그의 의지가 아닌 하나님께서 믿을 수 있도록 해 주셨다는 것을 알려줍니다. 아브라함이 하나님을 믿을 수 있도록 만드시고, 또한 그것을 의로 여기셨다는 말씀은 전적인 하나님의 은혜로만 된다는 것을 보여줍니다. 이것은 후에 다윗이 시편 23편에서도 노래하고 있듯이, 하나님은 자기의 이름을 위하여 우리를 의의 길로 인도하시는 분이라는 사실입니다. 이는 사도 바울이 에베소 교회에 보낸 편지에서와 같이 우리는 "하나님의 은혜를 인하여 그 믿음으로 말미암아 구원을 받았(엡 2:8)"다는 말씀과 같은 맥락입니다.

그러나 큰 복을 약속받은 아브라함도 흉년에는 애굽으로 내려갔고, 거기서 아내를 누이라고 속이는 거짓말도 했습니다. 또한 하나님의 약속을 잘 못 이해하여 그의 아내 사라가 아닌 사라의 몸종이었던 하갈과 동침하여 86세에 이스마엘을 출생하게 됩니다. 이 일 때문인지 하나님은 13년[25)]간 침묵하셨다가 아브라함이 99세가 되었을 때 아브라함을 찾아오십니다(창 16:16–17:1). 그리고 그의 아내 사라를 통해 아들을 주시겠다는 언약을 확인해 주시면서 아브라함과 할례 언약[26)]을 세우십니다. 그리고 바로 이 때 '아브람'에

---

25) 기억 성경에서 13년이라는 기간은 하나님이 아브라함에게 침묵했던 기간이며, 요셉이 형들로부터 노예로 팔려갔다가 애굽의 총리가 될 때까지의 기간이기도 하고(창 37:2; 41:46), 다윗이 사무엘 선지자에게 첫 기름부음을 받은 후(삼상 16:13–당시 나이를 17세 정도로 추정) 헤브론에서 12지파가 인정하는 이스라엘의 진정한 왕이 되기까지의 기간이기도 하며(삼하 5:4), 솔로몬이 자기의 왕궁을 건축한 기간입니다(왕상 7:1).

26) **이해** 할례는 남자 생식기의 표피를 잘라내는 것으로 '포경수술'에 해당합니다. 할례는 하나님께서 아브라함에게 최초로 명령하신 것(창17장)이며 이스라엘이 하나님께 선택되어 언약을 맺은 백성으로서 하나님께 순종과 헌신을 다짐하는 약속의 상징이었습니다. 또한 할례는 하나님의 언약 백성들이라는 외적인 흔적입니다. 하나님께서 아브라함과 맺으신 첫 언약은 쪼개진 동물 사이로 하나님만이 지나가신 일방적인 은혜언약이었지만 할례언약은 하나님의 명령에 아브라함이 행위로써 응답해야 하는 최초의 언약이었다는 점에서 중요합니다. 후에 모세는 하나님께 부르심을 받고 애굽으로 내려가는 길에 할례 문제로 어려움을 당한 적이 있고, 가나안에 입성하기 전 육체의 할례뿐만이 아니라 마음의 할례를 행하여 다시는 목을 곧게 하지 말라고 하였습니다(신 10:16). 여호수아는 여리고 전투를 앞두고 광야에서 태어난 남자들에게 길갈에서 할례를 행

서 '아브라함'으로 개명해 주십니다. 아브라함으로 개명된 이후로는 하나님의 말씀에 전적으로 순종하는 삶을 살았으며, 100세에 얻은 이삭을 제물로 바치라는 하나님의 명령까지도 곧바로 순종하였습니다.

2) 이삭(24~26장)

네 명의 족장 중에 이삭[27]의 이야기는 가장 적은 분량을 차지합니다. 아마도 이삭은 아브라함의 손에 이끌려 모리아 산에서 제물로 드려질 때 아버지와 함께 하나님을 향한 그의 믿음이 검증되었기 때문일 것입니다. 또한 이삭은 아버지 아브라함 때와 같이 그가

하기도 했습니다. 신약에 와서는 예수 그리스도의 십자가 사건과 부활 이후 이방인들에게 복음이 전해지기 시작하면서 이방인들에 대한 할례 논쟁이 있었습니다(사도행전 15장). 이 논쟁 이후로 몸에 새기는 외적 할례가 아닌 성령 하나님에 의한 마음에 새기는 할례로 옮겨가게 됩니다(롬 2:29). 이로써 아브라함으로부터 시작된 할례언약은 예수 그리스도로 완성되었음을 보여줍니다. 사도들은 이 논쟁을 통해 세상 모든 사람들이 오직 하나님의 은혜로 구원을 얻는다는 것을 선포하게 됩니다. 그리고 이 때 이 소식을 들고 바울 사도는 바나바와 함께 2차 전도 여행을 떠나게 됩니다.

27) **이해** 이삭의 출생: 하나님께서 아브라함에게 약속하신 자손에 대한 언약의 성취를 위해 주신 아들로서 아브라함이 100세, 사라가 90세(창 17:17)에 낳았습니다. 일반적으로 생각할 때 이는 불가능한 일이었지만 이 일을 통해 사람이 할 수 없는 일을 오직 하나님만이 하실 수 있다는 것을 보여주신 것입니다. 아울러 자손에 대한 하나님의 언약은 출애굽기1:7에서 성취되었음을 보여줍니다.

살고 있던 땅에 기근이 왔을 때 하나님의 말씀에 순종하여 애굽으로 내려가지 않았습니다. 말씀에 순종한 이삭은 그곳에서 농사를 지어 100배[28]의 소출을 얻었고 많은 가축을 얻으며 부자가 되었습니다.

이삭의 삶의 이야기 속에는 전도[29]에 대한 가르침이 있습니다.

---

28) 생각 백배(100배)라고 하면 숫자적인 100배를 생각하기 쉽습니다. 인간의 잣대로 하나님의 복을 측정할 수 있겠습니까? 여기서 말하는 "백배의 소출"이라는 의미는 '하나님의 복을 받았다'라고 이해하는 것이 바람직합니다. 하나님께서 요셉과 함께 하셨기에 그가 노예로 팔렸을 때나 옥에 갇혔을 때 '형통'했다고 한 것과 같이 그만큼 풍성한 복을 받아 누렸다는 의미로 이해하는 것이 좋겠습니다.

29) 생각 전도는 우리의 언행–성품, 곧 우리의 삶 그 자체–을 통해서 해야 합니다. 하나님께 영광을 돌린다는 의미도 이와 같습니다. 예수님께서 산상수훈에서 말씀하신 것과 사도행전의 초대교회에 일어났던 부흥의 역사, 그리고 초대교회를 이끌었던 베드로의 서신을 기억해보면 이해할 수 있습니다. "이같이 너희 빛이 사람 앞에 비치게 하여 그들로 너희 착한 행실을 보고 하늘에 계신 너희 아버지께 영광을 돌리게 하라(마 5:16)", "날마다 마음을 같이하여 성전에 모이기를 힘쓰고 집에서 떡을 떼며 기쁨과 순전한 마음으로 음식을 먹고 하나님을 찬미하며 또 온 백성들에게 칭송을 받으니 주께서 구원 받는 사람을 날마다 더하게 하시니라(행 2:46–47)", "너희가 이방인 중에서 행실을 선하게 가져 너희를 악행한다고 비방하는 자들로 하여금 너희 선한 일을 보고 오시는 날에 하나님께 영광을 돌리게 하려 함이라(벧전2:12)" 행실을 선하게 한다는 것은 하나님과 관계된 삶을 산다는 것을 의미합니다. 타인과의 관계 속에서 인간다운 삶을 통해 하나님의 자녀다운 삶을 살아가는 것이 전도하는 것입니다. 내가 출석하는 교회를 자랑하거나 목회자를 자랑하는 것은 바람직한 전도가 아닙니다.(각주 96번 선한 일 참조)

이삭은 살아계신 하나님을 믿었고 그의 믿음은 주변 사람들에게 보였습니다. 이삭이 하나님과 동행하고 있음을 이방사람들까지 알 수 있을 정도였습니다.

> 그들이 이르되 여호와께서 너와 함께 계심을 우리가 **분명히 보았으므로** 우리의 사이 곧 우리와 너 사이에 맹세하여 너와 계약을 맺으리라 말하였노라 (창세기 26:28)

3) 야곱(27~36장)

야곱은 이삭의 쌍둥이 중에서 형인 에서의 발뒤꿈치를 잡고 태어났습니다. 그는 장자권의 중요함을 알았는지 사냥 후에 허기졌던 형에게 팥죽 한 그릇을 주고 장자권을 빼앗았습니다. 아버지 이삭을 속여 형이 받을 복까지 가로챘다가 도망자 신세가 되기도 했습니다.

야곱은 후에 '이스라엘(하나님과 겨루어 이김)'이라는 이름으로 개명되었고 그의 이름이 곧 아브라함으로부터 시작된 민족의 이름이 되었으며, 또한 그의 아들 12명이 이스라엘의 12지파가 되었습니다.[30] 그리고 야곱은 그의 아들 요셉이 애굽의 총리가 된 후 70여명의 식솔들과 함께 애굽의 고센 땅으로 이주하여 큰 민족을 이루게 됩니다.

4) 요셉(37~50장)

요셉[31]은 꿈꾸는 자로 알려져 있습니다. 그는 야곱의 열한 번째 아들이었지만 아버지의 특별한 사랑을 받으며 자랐습니다. 아버지

---

30) **이해** 기억 야곱의 12아들의 이름은 르우벤, 시므온, 레위, 유다, 단, 납달리, 갓, 아셀, 잇사갈, 스불론, 요셉, 베냐민이며, 후에 12지파를 이룰 때는 레위와 요셉이 빠지고 요셉이 애굽에서 낳은 므낫세와 에브라임이 12지파에 들어가게 됩니다. 예수님께서도 12명의 제자를 세우셨습니다. 초기 열두 제자는 시몬 베드로와 안드레, 세베대의 아들 야고보와 요한, 빌립, 바돌로매, 마태, 도마, 알패오의 아들 야고보, 다대오, 가나안 사람 시몬, 가룟 유다였지만, 예수님을 은 30에 팔았던 가룟 유다가 자살 한 이후에 제비를 뽑아 '맛디아'가 12제자에 포함됩니다(행 1:26).

31) **이해** 선악과를 이해할 때 도움이 되는 것이 보디발의 아내의 유혹을 이겨내는 요셉의 이야기입니다. 창세기 39:9절을 보십시오. "이 집에는 나보다 큰 이가 없으며 주인이 아무것도 내게 금하지 아니하였어도 금한 것은 당신뿐이니(선악과) 당신은 그의 아내임이라 그런즉 내가 어찌 이 큰 악을 행하여 하나님께 죄를 지으리이까" 요셉은 모든 것에 대해 위임을 받았지만 보디발의 아내는 아니었습니다. 요셉이 보디발의 아내를 취하는 순간 자기 자신의 자리를 지키지 않고 그의 주인의 모든 것을 빼앗게 되어 요셉이 누렸던 자유를 잃게 되는 것입니다. 선악과를 따 먹는 순간 아담과 하와는 그들이 누렸던 자유를 잃게 되었고 생명나무가 있던 에덴동산으로부터 쫓겨나게 된 것과 같은 이야기입니다.

의 이러한 편애(채색 옷을 입힘)와 그가 꾼 꿈으로 인해 형들로부터 미움을 받았고, 형들에 의해 애굽의 노예로 팔려갑니다.

요셉은 하나님이 그와 함께 하셔서 형통하게 하셨고, 그 형통함을 그의 주인이 보게 됩니다. 그가 섬기던 보디발의 아내 때문에 옥에 갇히지만 그 안에서도 하나님이 함께 하셔서 형통케 하셨고 특별히 간수장으로부터 은혜를 입게 하시면서 범사에 형통하게 하셨습니다.

요셉은 하나님의 은혜로 바로 왕의 꿈을 해석하여 애굽의 총리가 됩니다(창41:41). 그리하여 기근 중에 있던 이스라엘 민족을 살리게 되었고, 그를 노예로 팔았던 형들을 용서하고 아버지 야곱과 70여명의 가족들이 애굽의 고센 땅에 정착하여 살 수 있게 됩니다. 이스라엘 백성들은 하나님이 아브라함에게 약속하신대로 큰 민족을 이루기까지 애굽 땅에서 살게 되었습니다(출 1:7).

3. 출애굽과 광야시대-출애굽, 광야 방황

성 경 : 출애굽기, (레위기), 민수기, (신명기), (시편 90편)[32]
주요내용 : 이스라엘 민족의 출애굽, 성막과 십계명, 5제사와 7절기, 40년 광야생활
주요인물 : 모세와 아론, 여호수아와 갈렙

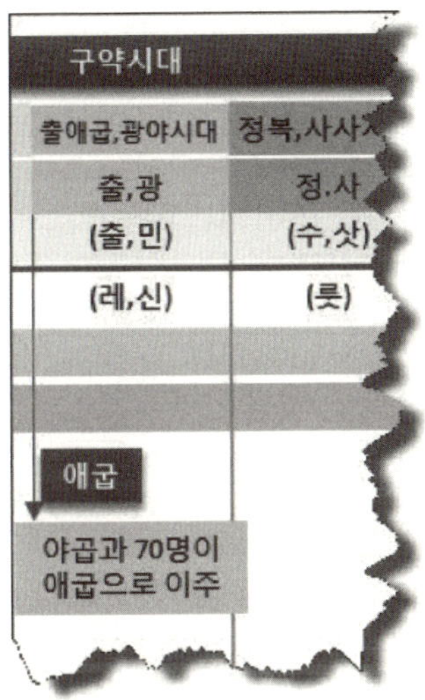

출애굽기에서 신명기까지의 이야기는 이스라엘 백성들이 애굽에서 노예로 전락하여 살다가 출애굽한 이야기로부터 시작합니다. 그리고 약속의 땅, 가나안까지의 광야 생활이 어떠했는지를 이야기하고 있습니다.

1) 출애굽과 유월절(출 1~18장)

야곱과 70여명의 가족들은 애굽의 고센 땅에 정착하였습니다. 그런데 요셉을

32) **이해** 시편 90편은 모두 다섯 권으로 구성된 시편 중 제 사권을 시작하는 시로써 '하나님의 사람 모세의 기도'입니다. 모세는 이 시를 통해서 유한한 인간이 영원하신 하나님을 떠나서는 결코 살 수 없음을 고백하면서 죄 가운데 있는 백성들을 긍휼히 여겨 주실 것을 간구하는 내용입니다.

알지 못하던 새 왕이 애굽을 다스리게 되면서(출 1:8) 이스라엘 백성들은 노예로 전락하고 맙니다.[33] 이 때문에 이스라엘 백성들은 하나님께 울부짖었고, 하나님께서는 모세를 지도자로 세우셔서 이스라엘 백성들을 애굽의 압제로부터 구원해 주십니다.

애굽의 바로(Pharaoh)[34] 왕은 이스라엘 백성들을 쉽게 보내지 않았습니다. 그래서 하나님께서는 모세를 통해 열 가지 재앙[35]을

---

33) **이해** 왜? 애굽에서 400여년 동안이나 노예가 되었을까요? 이는 아브라함(당시의 이름은 아브람)이 하나님의 언약을 받은 후 드리던 제사에서 제물로 드린 새를 쪼개지 않는 실수를 범하게 됩니다. 이로 인해 아브라함의 자손이 이방의 객이 되어 400년(이는 대략적인 숫자, 정확한 수치는 430년, 출 12:40;갈 3:17;행 7:6)간 종살이를 하게 된다고 하신 말씀 때문이었습니다(창15:1-16).

34) **이해** 애굽의 왕을 지칭하는 말입니다. 예수님 당시에도 '바로' 왕이 등장하는 이유입니다.

35) **이해 기억** 10가지 재앙: 피`개`이`파`/ 악`독`우`매`/ 암`장`(앞 글자만 외워보세요.)

하나님은 이 열 가지 재앙을 통해 애굽의 거짓 신들을 제어하시는 분임을 보여 줍니다(출 12:12). 열 가지 재앙이 의미하는 애굽의 신들 : ① 나일 강의 물을 피로 변하게 하신 재앙은 나일 강이 거룩한 신적인 존재가 아니라는 사실을 보여줌 ② 개구리-다산의 신 '이시스(Isis)'를 대표 하는 신 ③ 이-애굽에서 땅의 신인 셋(Seth)을 대표 ④ 파리-'파리의 왕'이며 에그론의 신이었던 바알세붑Baal-zebub을 상징 ⑤ 악질(질병을 통해서 애굽 사람들이 기르는 가축을 죽이는 재앙)-애굽인들은 모든 짐승들 안에 신들의 영이 깃든다고 믿었고 특별히 황소를 신성한 동물로 여겨서 그들의 신인 '아피스(Apis)'와 관련이 있다고 보았다. ⑥ 독종(몸에 종기를 앓는 재앙)-애굽인들은 몸에 종기가 나

내리셔서 하나님의 전능하심을 나타내셨고, 그 중 열 번째였던 '장자의 죽음'의 재앙에서 유월절(Passover) 절기[36]가 시작되었습니다. 출애굽한 이스라엘 백성들은 하나님께서 아브라함에게 약속하셨던 가나안 땅으로 출발합니다.

애굽의 바로 왕은 장자가 죽은 후에 이스라엘 백성들을 보내줍니다. 하지만 곧 '바로' 마음이 바뀌어 군대를 이끌고 그들을 쫓아옵니다. 이스라엘 백성들은 뒤에서 애굽 군대가 쫓아오고 앞에는 홍해라는 바다가 가로막는 어려움에 봉착하게 되었습니다. 이 때 하나님께서는 밤새 큰 동풍이 불게 하심(출 14:21)으로 홍해가 갈라져 바다가 마른 땅이 되게 하셨습니다. 이스라엘 백성들은 하나님의 은혜로 홍해를 무사히 건너가게 되었고, 이들을 쫓아왔던 애

면, 죄에 대한 형벌로 여김 ⑦ 우박-독종과 우박 재앙은 애굽인들이 육체의 질병과 농사와 날씨를 주관하는 존재들이라고 믿던 애굽의 술객들에게 내려진 형벌 ⑧ 메뚜기-애굽의 신들과 농사를 관장한다던 무당들의 권세를 확실히 꺾으신 재앙 ⑨ 흑암-태양신인 '아문-레'가 신이 아니라는 사실을 증명 ⑩ 장자의 죽음-살아있는 신이라는 바로의 무능함을 증명함과 동시에 모든 생명을 주관하시는 분은 오직 하나님 한분이라는 사실을 보여줍니다(마헤쉬 자브다 저, '가장 위대한 능력 보혈', 규장).

36) 이해 '장자의 죽음' 재앙에서 살아남기 위해서는 어린 양의 피가 필요했습니다. 열 번째 재앙이 일어나던 날 밤, 어린양의 피가 집의 문설주에 묻어 있으면 재앙이 그 집을 넘어가게 하신다고 하셨습니다(출 12:21-28). 이 어린 양의 실체가 창세기 3장 15절에 여자의 후손으로 약속하신 메시야, 예수 그리스도이십니다.

굽 군대는 홍해에 수장됩니다.

2) 십계명과 성막(출19~40장)

애굽 땅에서 종으로 살았던 이스라엘 백성들은 거룩하신 하나님과 같이 거룩하게 구별된 백성으로 거듭나야 했습니다. 이를 위해서 하나님께서는 하나님의 백성들답게 살 수 있도록 그 기준을 주시는데 그것이 바로 십계명과 삶에 필요한 여러 가지 율법들[37]입니다. 하나님께서는 모세를 통해 하나님의 백성으로서 모든 규례를 지켜야할 이유를 신명기에서 말씀하고 있습니다.

> 여호와께서 우리에게 이 모든 규례를 지키라 명령하셨으니 이는 우리가 우리 하나님 여호와를 경외하여 항상 복을 누리게 하기 위하심이며 또 여호와께서 우리를 오늘과 같이 살게 하려 하심이라 우리가 그 명령하신 대로 이 모든 명령을 우리 하나님 여호와 앞에서 삼가 지키면 그것이 곧 우리의 의로움이니라 할지니라 (신명기 6:24-25)

---

37) **이해** 유대 학자가 정리한 것에 의하면 모든 율법이 613가지이며, '~하라'가 248가지, '~하지 말라'가 365가지라고 합니다. 248이라는 숫자는 인간에게 있는 모든 뼈마디의 수와 같다고 하며, 365라는 숫자는 우리가 잘 알고 있듯이 일년 365일을 의미한다고 할 수 있습니다.(3부-하나님이 주신 계명들 참조)

하나님께서는 이스라엘 백성들과 함께 하시기 위해 그들 가운데 성막[38]을 지으라고 명령하셨습니다. 모세는 하나님께서 명령하신 식양대로 성막을 만들어 봉헌하였습니다. 성막을 봉헌 할 때 하나님의 영광이 성막에 충만하게 되었고 구름이 그 위에 덮였습니다(출 40:34~38)[39]. 그리고 구름이 성막 위에 떠오를 때 이스라엘 백성들은 행진하였고 떠오르지 않을 때는 멈춰야 했습니다. 하나님께서는 성막에 임재 하셔서 이스라엘 백성들과 동행하셨으며, 가나안 땅에 들어갈 때까지 낮에는 구름 기둥으로 밤에는 불기둥으로 인도하셨습니다.

3) 5제사와 7절기(레위기)

레위기는 출애굽기의 부록이라 할 수 있습니다. 레위기에는 하

---

38) **이해** 성막은 또한 하나님의 임재를 상징하며(출 25:8), 하나님을 만나는 장소이자 예배드리는 곳이었고(출 29:43), 이곳에서 하나님께 희생 제사를 드림으로써 죄의 용서를 받는 처소였습니다(레 1:1-17:16). 성경에서 성막은 '회막'(출 27:21; 33:7-10), '장막'(출 25:9; 33:7, 대상 6:48), '증거막'(출 38:21, 민 1:50; 10:11), '법막'(대하 24:6), '여호와의 성막'(민 16:9), '증거의 장막'(행 7:44, 계 15:5), '성소'(출 25:8), '여호와 집'(삼상 1:7), '세상에 속한 성소'(히 9:1)라고도 불렸습니다.

39) **이해** 사도 요한은 요한복음 1장 14절에서 성막 가운데 임하신 하나님의 영광(출 40:34-38)을 말씀이 육신을 입어 우리 가운데 임하셔서 은혜와 진리가 충만하다고 보았습니다. "말씀이 육신이 되어 우리 가운데 거하시매 우리가 그의 영광을 보니 아버지의 독생자의 영광이요 은혜와 진리가 충만하더라"(요 1:14)

나님의 거룩함을 따라 거룩[40]하지 못한 이스라엘 백성들이 하나님 앞에 합당하게 나아갈 수 있는 길을 가르쳐줍니다. 또한 어떻게 하나님과 지속적으로 교제하며 동행할 수 있는지 그 방법을 알려줍니다.

하나님께 나아가는 방법 **5가지 제사**	하나님과 동행하는 방법 **7가지 절기**[41]
번 제 하나님께 자신을 전적으로 헌신함 소 제 모든 소유가 하나님께 속했음을 인식함 화목제 하나님과의 화평과 교제 속죄제 하나님과 단절되었던 관계가 회복됨 속건제 불의하고 불공평한 일을 예방하고 보상함	유월절 무교절 초실절 오순절(칠칠절) 나팔절(신년절) 속죄일 초막절(장막절, 수장절)

디모데성경연구원의 구약의 파노라마 참조

---

40) 생각 적지 않은 사람들이 '거룩(holy)'에 대한 개념을 추상적으로 이해하는 경우가 있습니다. 거룩에 대한 개념은 하나님께서 모세에게 명령하신 말씀을 보면 분명하게 나타납니다. "그리하여야 너희가 거룩(holy)하고 속된 것(common)을 분별하며 부정하고 정한 것을 분별하고(레10:10)" 레위기 10:10절의 말씀을 보면 거룩이란 세상에 있는 것들(common) 중에서 하나님을 위해 구별(holy) 되었다는 것을 알 수 있습니다. 우리가 세상적인 것, 세속적인 것이라고 부르는 것들은 하나님께 구별되지 않고 그냥 세상에 존재하는 것이라고 이해하면 쉽습니다. 오직 하나님께 구별된 것만이 거룩한 것임을 꼭 기억해야 합니다. 우리의 삶뿐만이 아니라 우리가 소유하고 있는 그 어떤 것이라도 하나님을 위해 구별하여 사용할 때 거룩한 것이 되는 것입니다.

41) 이해 레위기 23장을 토대로 일곱 가지 절기를 정리해 보면 다음과 같습니

4) 광야 40년 방황(민수기)

애굽에서 가나안 땅은 그렇게 멀지 않습니다. 걸어서 2-3주 정도면 갈 수 있는 거리입니다. 출애굽 한 이후 이스라엘 백성들은 가데스바네아라는 지역에 도착합니다. 그리고 12지파에서 대표자를 뽑아 12명의 정탐꾼을 보냅니다. 그런데 여호수아와 갈렙을 제외한 10명의 정탐꾼들의 보고가 부정적이었고, 모든 백성들도 10명의 부정적인 편에 서버렸습니다. 이는 단순하게 부정적인 보고를 넘어 하나님에 대한 불신이었던 것입니다. 부정적인 10명의 지

다. ① 유월절은 출애굽기 12장에서 이스라엘이 애굽에서 탈출할 때 생겨난 절기입니다(각주 36번 참조). ② 무교절은 유월절 다음 날, 즉 첫째 달 15일부터 일주일 동안 지키는 절기입니다. 이때는 누룩 없는 빵을 먹어야 합니다. ③ 초실절은 무교절 기간의 안식일이 지난 다음 날(오늘날의 주일)입니다. 첫 이삭한 단을 바치는 절기로써 제사장은 이 날 백성들이 수확한 첫 열매들의 단을 흔들게 됩니다. 초실절은 안식일 다음 날이며, 예수 그리스도께서도 안식 후 첫날에 부활하셨습니다. ④ 오순절은 초실절부터 일곱 안식일을 지낸 다음 날로 두 번째 거둔 곡식을 바치는 절기입니다. 안식일이 7번 지나므로 칠칠절이라고도 합니다. ⑤ 나팔절은 일곱째 달의 첫째 날입니다. 이날은 이스라엘 민족이 쉬는 날이며 나팔을 불어 기념할 성회입니다. 이 날에는 노동을 하지 말고 화제를 드려야 합니다. ⑥ 속죄일은 일곱째 달 열흘날로 성회를 열어 스스로를 괴롭게 하며 여호와께 화제를 드리는 날입니다. 이 날 또한 어떤 일도 하지 않는데 그 이유는 이스라엘을 위하여 여호와 앞에 속죄할 속죄일이 되기 때문입니다. ⑦ 초막절(장막절)은 일곱째 달 15일부터 21일까지, 7일 동안 지키는 절기입니다. 이 명절은 약속의 땅으로 들어 온 이스라엘이 과거 광야 생활을 기억하고 또 현재의 복에 감사하며 지키게 됩니다. 신명기16:13에는 "너는 네 곡식과 네 포도주를 거둬들인 후, 칠 일 동안 장막절을 지킬지니라"라고 되어 있습니다.

도자와 그들을 따르던 백성들은 하나님께서 세운 지도자까지 부정하고 새로운 지도자를 뽑아 다시 애굽으로 돌아가려 했습니다. 이 때문에 하나님께서는 이스라엘 백성들이 정탐했던 40일이라는 날수에 일년을 곱하여 40년 동안 광야를 방황[42]하게 하셨습니다. 40년을 방황하는 동안 20세 이상의 사람들은 광야에서 죽었으며, 지도자였던 모세와 아론, 미리암도 죽었고, 오직 여호수아와 갈렙만이 가나안 땅에 들어갈 수 있었습니다. 이들이 광야에서 죽게 된 이유는 하나님을 불신하고 그들의 입으로 내 뱉은 말[43] 때문이었습니다.

---

42) **이해** 40년의 광야 방황은 단순한 방황이라기보다는 애굽 생활에 찌들었던 한 세대가 완전히 죽는데 걸리는 시간이었습니다. 또한 이 시간 동안 이스라엘 백성들은 원망과 불평을 반복하면서도 만나와 메추라기를 통해 먹이시고, 신발과 옷이 해어지지 않도록 도우시는 하나님의 은혜를 경험하게 됩니다(신 29:5-6). 하나님의 백성으로 준비되는 시간이었습니다.

43) **생각** 창조의 언어(민 14:28): 하나님께서는 우리가 입술로 고백한 것을 들으시고 그대로 행하시는 분이심을 말씀합니다. 감사하면 감사할 일을, 불평하면 불평할 일이 일어날 것입니다. 나는 내 입술로 어떠한 말을 하며 살고 있는지 점검해야 합니다. 우리는 입술의 열매를 먹고 삽니다(잠 18:20-21). 우리의 언어는 생각의 결과이기도 합니다. 하나님께서는 이스라엘 백성들이 징계를 받는 이유가 '그들의 생각의 결과'라고 하셨습니다(렘 6:19).

이스라엘 자손이 다 모세와 아론을 원망하며 온 회중이 그들에게 이르되 우리가 **애굽 땅에서 죽었거나 이 광야에서 죽었으면 좋았을 것**을 (민수기 14:2)

그들에게 이르기를 여호와의 말씀에 내 삶을 두고 맹세하노라 **너희 말이 내 귀에 들린 대로 내가 너희에게 행하리니** (민수기 14:28)

5) 모세와 신명기(신명기)

모세[44)]가 태어나던 시기에 애굽 땅에서는 히브리 사람들이 남자 아이를 출생하게 되면 모두 죽임을 당하였습니다. 이러한 상황 속에서도 모세는 하나님의 은혜로 생명을 유지할 수 있었을 뿐만 아니라 애굽의 왕자로 40년을 살았습니다. 40여년을 살다가 두 번의 살인 때문에 광야로 도피하여 다시 40년이라는 시간동안을 하나님의 일꾼으로 훈련받은 사람입니다. 모세는 이스라엘 백성들을 애굽에서 이끌어 낸 지도자였으며, 하나님께서 모세에 대해 '모세와 같은 이가 없다'고 할 정도로 하나님과의 친밀함을 누렸던 사람입니다. 하지만 이스라엘 백성들을 출애굽 시키고 광야에서의 40년

44) **이해** '모세'라는 이름은 '물에서 건져낸 자'라는 뜻으로 애굽 왕의 딸이 지어준 이름입니다(출 2:10).

방황을 이끌었을 뿐, 약속의 땅인 가나안 땅에는 들어가지 못했습니다. 왜냐하면 므리바에서 하나님을 믿지 않았던 행동 때문이었습니다(민 20:10~13). 모세는 하나님의 약속의 땅, 가나안 땅을 바라보며 모압 땅에서 죽게 됩니다. 모세는 사명이 다해서 죽은 대표적인 사람입니다.[45)]

신명기는 모세가 죽기 전, 이스라엘 백성들을 위해 남긴 세 편의 설교입니다. 신명기의 중심 내용은 출애굽이후 광야에서 태어난 세대를 위해 하나님의 율법을 다시 확인시켜 주는 것입니다. 모세는 첫 번째 설교(1:1~4:43)에서 과거에 하나님께서 이스라엘을 위해 행하신 일들을 강조하며 언약의 배경을 알려줍니다. 하나님께서 하나님의 백성들을 어떻게 보호하시고 공급하시는지에 대해 이야기하면서 불순종한 경우에 내리신 처벌도 함께 다루고 있습니다.

---

45) **생각** 성경에 나오는 죽음은 네 가지로 요약됩니다. ① 기력이 쇠하여 죽는 자연사(예, 아브라함) ② 사명이 다해 죽는 죽음(예, 모세) ③ 하나님의 저주로 죽는 죽음(예, 아간, 아나니아와 삽비라) ④ 육체의 죽음을 초월한 생명(예, 에녹, 엘리야). 사람들은 주변에서 갑자기 죽음을 맞는 이들에 대해 함부로 판단하는 경우가 있습니다. 하지만 그 누구도 우리 주변에서 갑자기 죽음을 맞게 되는 사람들에 대해 함부로 판단하지 말아야 합니다. 모든 생명은 오직 하나님의 손에 있기 때문이며, 이 세상 그 누구도 사람의 죽음에 대해 함부로 말할 권리가 없기 때문입니다.

두 번째 설교(4:44~26장)에서는 하나님께서 말씀하신 특정한 요구들을 다룹니다. 이스라엘 백성들이 약속의 땅에 들어간 후에 하나님의 율법을 지켜 이방신들을 숭배하지 말고 이웃 나라들의 죄악된 관습들을 금지하며 하나님의 백성답게 살아갈 수 있도록 십계명과 여러 규례들을 다시 확인시켜줍니다.

세 번째 설교(27장~30장)에서는 앞으로의 삶에서 하나님의 말씀에 순종하느냐 불순종하냐에 따른 복과 저주가 강조됩니다. 특히 28장에는 순종에 따른 복과 불순종에 따른 저주의 말씀이 나오는데 분량적으로 보면 저주에 대한 말씀이 더 많습니다. 그 이유는 이스라엘 백성들이 출애굽할 때부터 광야에서 40년을 방황하면서 행했던 잘못된 일들 때문이었을 것입니다. 그리고 신명기의 결론 부분이라고 할 수 있는 31장~34장에는 모세의 후계자로 여호수아를 임명하고 모세가 12지파를 축복하는 말씀과 모세의 죽음에 대해[46] 기록하고 있습니다.

---

46) **이해** 이 부분에 대해서는 모세의 후계자였던 여호수아가 기록했을 가능성이 높습니다.

4. 정복, 정착 그리고 사사시대-가나안을 정복하고 그곳에 정착, 사사들의 다스림

성 경 : 여호수아, 사사기, (룻기)
주요내용 : 31번의 전쟁을 통한 가나안 정복과 정착, 사사들의 역할, 이방 여인 룻
주요인물 : 여호수아, 아간, 드보라, 기드온, 삼손, 룻

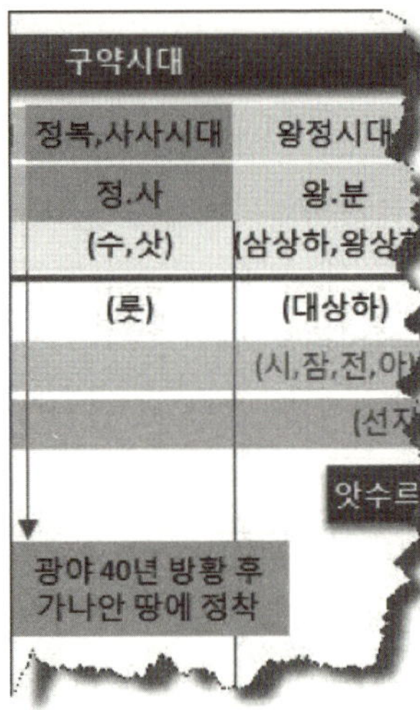

하나님의 인도하심 가운데 이스라엘 백성들의 출애굽을 인도하고, 광야 40년의 방황을 이끌었던 모세는 가나안 땅을 바라보며 모압에서 죽음을 맞이했습니다. 그리고 모세의 후계자로 세워진 여호수아가 이스라엘을 가나안 땅으로 인도하게 되었습니다.

1) 31번의 전쟁을 통한 가나안 정복(수 1~12장)

하나님께서 약속하신 가나안[47] 땅에 들어가는 것은 그리 쉬운 일

47) **이해** 가나안 문화? 바벨탑 사건으로 인해 민족은 흩어졌지만 문화는 그대로 있었고, 바벨탑 문화를 이은 세상문화가 발달되었던 곳입니다. 이 문화는 풍요와 다산을 중요하게 여겼고, 이를 위해 드린 제사에서 중요한 것은 자식을 제

이 아니었습니다. 왜냐하면 그 땅에도 오래전부터 사람들이 살고 있었기 때문입니다. 그래서 이스라엘 민족은 31번의 전쟁을 7년 동안이나 치러야 했습니다.

전쟁의 시작은 여리고성이었습니다. 그런데 여리고성을 가려면 요단강을 먼저 건너야했습니다. 당시는 우기 중이라 요단강이 상당히 불어나 있는 상태였습니다(수 3:15). 하지만 하나님의 말씀에 순종하여 제사장들이 언약궤를 메고 요단강에 발을 디디는 순간 요단강물의 흐름이 멈췄고 이스라엘 백성들은 강을 건널 수 있었습니다.[48] 여리고성을 점령할 때도 이스라엘 백성들이 한 일은 그저 요단에서 열두 개의 돌을 취하여 기념한 일과 길갈에서 할례[49]를 행한 일입니다. 그리고 하나님의 명령대로 여리고성 주위를

물로 바쳤다는 점입니다. 자식을 제물로 바친 부모들의 그 침울한 기분을 회복하기 위해 '성창'들과 성교를 하고, 이 때 느끼는 흥분된 기분이 곧 '신(神)'과 하나가 된다고 믿었습니다. 이러한 문화의 대표적인 곳이 바로 바알문화의 대표적인 곳, '여리고'였습니다.

48) **이해** 모세와 함께 홍해를 건널 때에는 바다가 먼저 갈라져 뭍이 드러난 후였지만 여호수아와 요단강을 건널 때에는 믿음으로 발을 먼저 딛었을 때 강물의 흐름이 멈췄다는 차이가 있습니다. 하나님께서 이스라엘 백성들에게 이와 같은 기적을 이루신 이유는 하나님을 항상 경외하도록 하기 위함이었습니다(수 4:23-24).

49) **생각** 전쟁을 앞둔 상황에서 할례를 행한다는 것은 상식적으로 이해하기 힘

아무도 말하지 말고 하루 한 바퀴씩 돌고, 마지막 일곱 째 날에는 일곱 바퀴를 돈 후 나팔을 불고 소리를 지른 것뿐입니다(6장). 전쟁은 우리의 힘과 능력으로 하는 것이 아니라 오직 하나님의 손에 있음을 보여주신 것입니다.

여리고성 다음으로 이스라엘 백성들이 직면한 곳은 아이성이었습니다. 그런데 여기서는 하나님께 묻지도 않고 자신들의 눈(아이-eye)에 보이는 데로 결정하여 3,000명만 보냈는데 여리고성에서와는 달리 패하고 맙니다. 놀란 여호수아는 그제야 하나님께 물었고, 결국 이스라엘의 죄 때문이라는 것을 알게 되었습니다. 그 죄는 다름 아닌 '아간의 욕심[50]'에서 비롯된 것이었습니다. 단 한명

든 일입니다. 길갈에서 할례를 받은 남자들은 어린 아이가 아니라 광야에서 태어나 할례를 받지 못했던 세대였기에 모두 장정이었습니다. 그렇다면 할례를 받은 이후 며칠 동안은 움직이기 힘들었을 것이기 때문입니다. 길갈에서 행한 할례는 하나님께서 약속하신 땅에 들어가기 위해 치러야 하는 모든 전쟁이 하나님의 손에 달려 있음을 고백하는 믿음의 행위였다고 할 수 있습니다.

50) **이해** 하나님께서 모두 멸하라고 했던 여리고성의 전리품을 자기 장막에 가져다가 숨긴 일입니다.

기억 "아(가)"로 시작되는 사람들의 욕심 모음: 아담과 하와의 욕심 → 아간의 욕심 → 아삽과 이세벨의 욕심 → 가룟 유다의 욕심 → 아나니아와 삽비라의 욕심 → 결과는 사망(약 1:15; 롬 6:23)입니다. 이 중에서 '아간'은 가나안 땅 정착에서의 첫 본보기였고, '아나니아와 삽비라'는 초대교회의 본보기였습니다.

의 이기적인 욕심 때문에 모든 민족이 어려움을 당하게 된 것입니다. 하나님께서는 아간뿐만이 아니라 그의 가족과 그의 소유 모두를 멸하게 하셨고, 여호수아와 백성들이 회개한 후에야 아이성을 점령할 수 있었습니다. 아이성에서의 패배가 31번의 전쟁 중 유일하게 패한 것이었습니다.

아이성 전투이후 하나님께서는 가나안의 모든 왕들을 여호수아의 손에 붙이셨고, 기브온 거민들의 거짓에 속아 평화 조약을 맺은 것을 제외하고는 가나안의 모든 땅을 중앙으로부터 시작하여 남쪽, 그리고 북쪽까지 차례대로 정복하였습니다.

2) 땅 분배와 정착(수 13~24장)

가나안 땅을 정복한 후 제비뽑기를 통해 11지파에게 땅을 분배합니다. 출애굽 이후 광야생활의 종지부를 찍고 이제는 하나님께서 약속하신 땅에 정착하여 살게 된 것입니다. 땅 분배에서 제외된 지파는 레위지파로써 이들은 11지파의 땅에 흩어져 살면서 모든 지파들이 하나님과 동행하며 살 수 있도록 돕는 역할을 감당하게 하였습니다.

모세의 뒤를 이어 지도자로써의 역할을 수행했던 여호수아도 이제 죽을 때가 되었습니다. 하지만 그의 눈에는 이스라엘 백성들이 불안했습니다. 그래서 마지막 고별사를 통해 '너희들이 섬길 자를 택하라'고 하였습니다. 그러면서 '나와 내 집은 여호와만 섬기겠노라'(수 24:15)고 외칩니다. 이때 모든 백성들은 자신들도 여호수아와 같이 하나님만을 섬기겠다고 했지만 여호수아가 죽은 후 그들의 마음은 하나님을 떠나게 됩니다.

3) 사사들의 다스림(사사기)

이스라엘 백성들이 가나안 땅에 정착하여 살게 되면서 이들은 영적으로, 도덕적으로 타락하게 됩니다.[51)] 이러한 문제의 근원은 왕이신 하나님이 살아계심에도 불구하고 하나님을 왕으로 모시지 않은 것에서 시작됩니다. 모세가 죽으면서 그토록 강조했던 하나님의 말씀에 순종하지 않았기 때문에 벌어진 일들입니다. 이제 사람들은 '각자 자신의 소견에 옳은 데로 행'하며 살아갑니다.[52)] 미가

---

51) **이해** 이때로부터 이스라엘이 멸망하기까지 영적, 도덕적 타락은 계속됩니다. 후에 남유다와 북이스라엘로 분열된 이후 북이스라엘의 영적, 도덕적 타락 문제 때문에 활동하게 된 선지자가 두 명 있습니다. 호세아와 아모스입니다. 호세아는 이스라엘의 영적 타락 문제에 대해서 외쳤고, 아모스는 이스라엘의 도덕적, 사회적 타락 문제에 대해 외쳤습니다. 이러한 문제는 오늘날에도 다르지 않습니다.

52) **이해** 사사기 17:6; 21:25 → 하나님께서는 신명기 12장에서 약속의 땅에 들어가서는 각기 소견대로 하지 말라고 이미 말씀하셨습니다(신 12:8). 신명

라고 하는 제사장이 자기 마음대로 신상을 만들어 섬기는가 하면, 레위인의 첩이 불륜을 저지르고, 집에 돌아오는 길에 여러 명에게 윤간을 당하고 살해되는 상상할 수 없는 죄악된 일까지 벌어지게 됩니다.

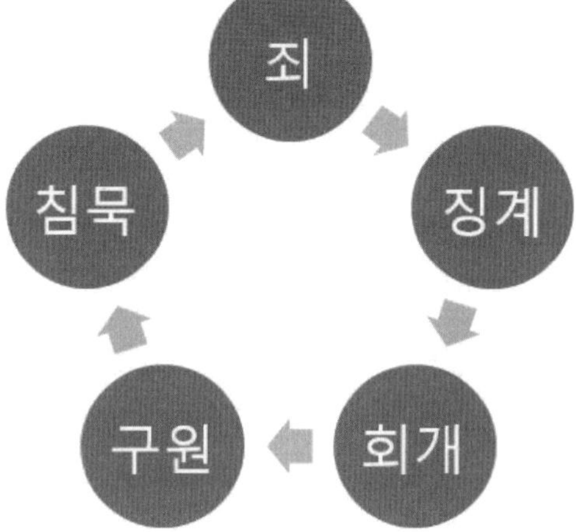

기 7:16에서는 하나님께서 넘겨주신 민족들을 '네 눈이 긍휼히 여기지 말고 진멸하며 그들의 신을 섬기지 말라 그것이 네게 올무가 되리라'고 말씀하셨습니다. 우리가 '아이(child)'와 같다는 것은 '아이(eye)'로 보이는 데로 행동하기 때문입니다. 오직 하나님의 입에서 나온 말씀을 기억하며 그 말씀대로 살아야 하는 것입니다. 이를 위해 중요한 행위가 바로 '듣는 것'입니다. 구약의 선지자들의 외침은 한결같이 '여호와의 말씀을 들으라!'는 것이었습니다.

이러한 죄악은 하나님의 징계로 이어집니다. 하나님의 징계가 임하여 고통당하면, 다시금 하나님께 부르지으며 회개하고, 부르짖음을 들은 하나님은 '사사'[53]를 세워 고통 중에 있는 이스라엘 백성들을 구원하십니다. 그렇게 평화를 누리게 되면 언제 그랬냐는 듯이 하나님께 대해 침묵하며 또 다시 하나님을 저버리고 죄악에 빠지게 되는 일이 계속 반복되는 이야기가 사사기의 내용입니다.

4) 사사시대의 아름다운 선택(룻기)

하지만 아무리 죄악이 가득했던 시대라 할지라도 하나님과 동행하는 사람들이 있습니다. 사사시대에도 하나님을 선택한 지혜로운 여인의 이야기가 있습니다. 바로 모압[54] 여인이었던 '룻'입니다. 룻은 기근을 피해 모압 땅으로 이사 온 유다 베들레헴 사람 '엘리멜렉'[55] 가족의 며느리가 되었습니다. 하지만 시아버지와 남편이

---

53) **이해** 사사의 역할은 세 가지였습니다. ① 왕-평상시엔 재판을 하며 전시에는 전쟁을 지휘 ② 제사장-백성들의 문제를 가지고 하나님께 나아감 ③ 선지자-하나님의 음성을 백성들에게 들려주는 일이었지만 왕이나 제사장과 다른 점은 세습되지 않는다는 점입니다. 사사들은 모두 12명(옷니엘, 에훗, 삼갈, 드보라, 기드온, 돌라, 야일, 입다, 입산, 엘론, 압돈, 삼손) 입니다.

54) **이해** 모압 족속은 노아의 첫째 딸이 아버지와 동침하여 낳은 후손입니다(창 19:37).

55) **이해** '나의 아버지는 왕이시다'라는 뜻으로 '왕'이신 하나님이 죽은 듯 살아가는 사사시대의 암울함을 보여줍니다.

모두 죽었습니다. 이 때문에 룻의 시어머니였던 나오미는 고국 땅으로 돌아가기로 결정하고 룻에게 고향 땅 모압으로 돌아갈 것을 권고하였습니다. 하지만 룻은 나오미의 하나님을 자기의 하나님으로 선택[56]하여 함께 이스라엘로 옵니다. 그리고 보아스를 만나 혼인하였고, 다윗 왕의 증조모가 되었으며 예수 그리스도의 족보에까지 올라가게 되었습니다.[57]

---

56) 생각 선택이란 '선'한 것을 '택'하는 것입니다. 이 세상에 선한 것은 오직 하나님 한 분밖에 없습니다. 예수님을 '선한 선생'이라고 불렀을 때 예수님께서 친히 하신 말씀이 분명하게 가르쳐주고 있습니다(눅 18:18~19). 하나님을 택하는 것이 진정한 선택임을 기억해야 합니다.

57) 생각 예수 그리스도의 족보에 올라간 이방 여인들: 여리고성에 살던 기생 '라합', 모압 여인 '룻', 그리고 다윗과 불륜을 저질렀던 '밧세바(Bathsheba)'입니다. 재미있는 사실은 마태복음 1장에는 '밧세바'의 이름이 나오지 않고 '우리아의 아내'라고 나온다는 점입니다. 왜 그랬을까 생각해 볼 문제입니다.

5. 왕정시대-왕들의 다스림, 분열된 왕국

성　　경 : 사무엘상, 하, 열왕기상, 하, (역대상, 하, 선지서 12권, 시편, 잠언, 전도서, 아가서)
주요내용 : 사무엘 선지자, 왕들의 정치, 성전 건축, 북이스라엘과 남유다로의 분열,
나라의 멸망
주요인물 : 사무엘, 사울, 다윗, 솔로몬, 열왕들(남 20명, 북 19명)

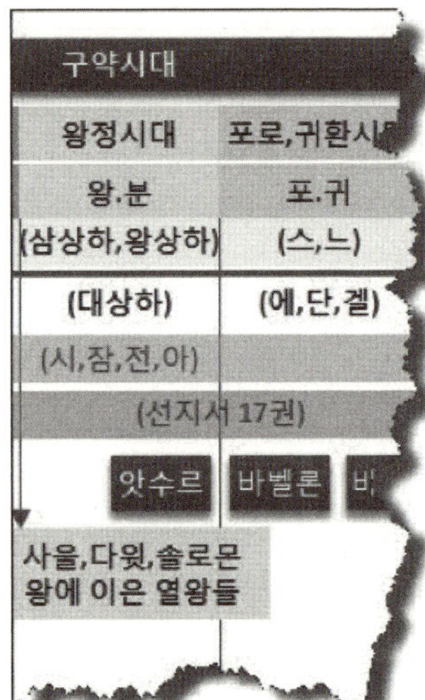

사무엘 선지자는 사사시대와 왕정시대를 연결해주는 역할을 합니다. 이스라엘에도 이웃나라들과 같이 왕을 세우게 되었고, 120년 동안의 통일왕국시대를 이어 남과 북으로 분열되는 아픔을 겪게 됩니다. 왕이신 하나님을 뒤로 하고 불완전한 인간의 통치가 어떠한 결과를 초래하는지를 분명하게 보여주게 됩니다.

1) 사무엘(삼상 1-8장)

사무엘은 암울했던 사사시대에 '한나'라는 여인의 서원에 의해 출생하였습니다. 그는 나면서부터 하나님께 구별 된 사람이며 첫 선지자입니다. 사무엘 선지자는 이스라엘의 첫 왕이었던 사울과

두 번째 왕이었던 다윗에게 기름을 부었습니다. 기도를 쉬는 것이 죄라는 것을 가르쳐준 선지자이기도 합니다.[58)]

2) 사울(삼상 8~31장), 다윗(삼상 15~삼하 24장), 솔로몬(왕상 1~11장)

사사들의 통치를 경험했던 이스라엘 백성들은 이방 나라들을 본

---

58) **생각** 기도를 쉬는 죄: 사무엘은 기도를 쉬는 것이 죄라고 여겼으며, 사도 바울은 '쉬지 말고 기도하라'(살전 5:17)고 했습니다. 우리가 살면서 쉬지 않고 기도할 수 있을까요? 우리가 기도라는 것을 한 자리에서 눈을 감고 하나님 아버지의 이름을 부르며 하는 것이라고 생각한다면 사무엘은 평생 기도만 했다고 할 수 없을 것입니다. 왜냐하면 사무엘은 한 곳에서 기도만하지 않고 필요에 따라 이곳저곳을 돌아다니며 사역을 감당했기 때문입니다. 그렇다면 어떻게 기도하는 것이 쉬지 않고 기도하는 것일까요? 우선 우리가 호흡 할 때 공기가 우리 몸 안으로 들어가는 길을 무엇이라고 부릅니까? 바로 '기도(氣道)'라고 합니다. 우리의 '기도(氣道)'가 막히면 숨을 쉴 수가 없고 결국 죽음을 맞게 됩니다. 이처럼 우리의 '기도(氣道)'는 우리가 무엇을 하던지, 어디에 가든지 제 기능을 감당해야 합니다. 우리의 의지와 상관없이 말입니다. 이처럼 '기도(氣道)'는 생명과 직결되어 있습니다. 또 한 가지가 있습니다. 그것은 여러분의 '생각'이 곧 '기도(祈禱)'라고 생각해 보십시오. 그렇다면 우리 인생 가운데 결코 기도를 쉬는 죄를 범치 않게 될 것입니다. 사람은 어떠한 말이나 행동을 하기 전에 반드시 생각하게 되어 있습니다. 생각 없이 말하거나 행동할 수 없습니다. 그런데 이 생각은 우리가 알고 있는 단어들의 조합이라는 것이 중요합니다. 어떤 단어를 많이 가지고 있느냐가 그 사람의 생각을 좌우하게 된다는 말입니다. 사무엘을 보십시오. 사무엘은 그의 모든 삶이 하나님의 말씀을 중심으로 이루어진 사람입니다. 하나님의 말씀을 들었고, 그 말씀대로 생각하고 행동하며 살았습니다. 사무엘의 생각 속에는 하나님과 하나님의 백성으로서의 이스라엘이 있었기에 '기도(祈禱)'를 쉬는 죄를 범하지 않겠다고 말할 수 있었던 것입니다.

받아 왕을 세워달라고 '왕왕'대기 시작합니다. 사무엘 선지자는 백성들이 자기를 버렸다고 하나님께 아뢰지만 하나님께서는 사무엘이 아닌 하나님 자신을 버린 것이라고 말씀하셨습니다(삼상 8:7). 그리고 하나님께서는 백성들의 요구를 허락하셔서 사울에게 기름을 부어 이스라엘의 첫 왕으로 세우셨습니다. 하지만 사울은 하나님께 무심[59]했으며, 불순종했을 뿐만 아니라, 제사장의 영역까지 침범하는 죄를 짓고 그의 일생동안 대부분을 싸웠던 블레셋과의 전쟁에서 스스로 목숨을 끊으며 생을 마감하였습니다(삼상 31장).

다윗은 사울이 집권하던 때 이스라엘의 하나님을 '골려 먹던' 블레셋 장수 골리앗을 물맷돌로 쓰러뜨리면서 이스라엘의 영웅으로 등장하였습니다(삼상 17장). 이 일로 인하여 백성들은 사울은 천천으로, 다윗은 만만[60]으로 외쳤습니다(삼상 18:7). 이 때문에 사

---

59) **생각** 사람들은 사울이 겸손했던 사람이라고 알고 있지만 성경을 자세히 보면 결코 겸손했던 사람이 아니었습니다. 하나님께서 부르실 때 수레 뒤에 숨었다는 것은 하나님보다 주변 사람들을 더 인식했다는 것을 알 수 있습니다. 이것은 겸손이 아닌 교만한 행위였음을 알아야 합니다. 다윗이 골리앗 앞에 설 때를 비교해 보십시오. 하나님의 사람은 사람을 의식하기보다는 하나님의 이름을 위하여 그 어떤 사람 앞에서라도 당당하게 설 수 있어야 합니다. 사울은 그렇지 못했음을 그의 일생을 통해 알 수 있습니다.

60) **생각** "천만에요!(You are welcome!)": 백성들의 환호를 받던 다윗이 적극적으로 '천만에요!!!'라고 사울 왕 앞에서 외쳤더라면 어땠을까요? 뭔가 작은 성

울의 마음속에 다윗에 대한 질투심이 생겨 다윗을 죽이려고 작정하게 됩니다. 이후 사울은 다윗을 죽이려고 혈안이 되어 쫓아 다녔지만 하나님께서 다윗을 보호하셨고, 다윗은 사울을 죽일 수 있는 두 번의 기회를 취하지 않고 살려주었습니다. 다윗은 왕으로 기름부음을 받은 이후 13년[61]이 지나서야 헤브론에서 이스라엘의 진정한 왕으로 세워졌습니다. 다윗은 하나님을 향한 전심으로 살았으나 전쟁에 나가지 않고 낮잠을 자고 일어나 목욕하던 '우리아'라는 장수의 아내 밧세바(Bath-she-ba)와 불륜을 저지르게 됩니다(삼하 11장).[62] 이를 감추기 위해 충성스런 장수 우리아를 치밀한 계획 하에 살인까지 합니다. 그 결과 바세바와 불륜관계에서 태어난 아들은 이름도 없이 죽고, 우리아가 죽은 후 정식으로 부부가 된

의에 대해 고맙다고 하는 사람들에게 '천만에요!(You are welcome!)'라는 말을 할 때마다 성경의 이 이야기가 생각납니다.

61) **이해 기억** 다윗이 사무엘 선지자에게 기름부음을 받고 왕이 되기까지의 기간입니다. 요셉도 형들에게 노예로 팔린지 13년만에 애굽의 총리가 되었습니다. 다윗과 요셉 모두 30세가 되어 왕과 총리가 되었다는 점도 같습니다.

62) **이해** 다윗은 밧세바와의 간음사건 이후 몰락의 길을 걷게 됩니다(삼하 11장 이후). 무엇보다 밧세바가 잉태하였다는 소식을 듣고 그녀와 간음한 사실을 감추기 위해 충성스런 '우리아(밧세바의 남편)' 장군을 전장에서 죽이라는 명령을 은밀히 내리기까지 했습니다. 이로써 다윗은 십계명 중에서 6계명(살인하지 말라), 7계명(간음하지 말라), 8계명(도적질 하지 말라), 9계명(거짓 증거하지 말라) 그리고 10계명(이웃의 것을 탐하지 말라) 모두를 범하였습니다. NIV 영어성경을 보면 밧세바의 이름이 '목욕하는 여인을 보다(bath-she-ba)'라고 해석할 수도 있습니다. 억지인가요?

이후 출생한 솔로몬이 다윗의 뒤를 이어 왕 위에 오르게 됩니다.

솔로몬은 이스라엘의 세 번째 왕입니다. 솔로몬은 하나님께 일천번제[63]를 드린 후 '듣는 마음'[64]을 구했습니다. 하나님께서는 그의 마음을 보시고 '듣는 마음'과 함께 부귀영화까지 주셨습니다. 또한 다윗이 그렇게 원했던 하나님의 성전을 지어 봉헌한 왕입니다. 하지만 솔로몬은 하나님께서 명령하신 왕의 규례를 지키지 않았고, 정략적으로 혼인했던 이방 여인들로 인해 다른 신을 섬기며 하나님으로부터 그의 마음을 돌려 하나님을 떠나고 말았습니다(왕상 11장).[65] 하나님께서는 솔로몬의 타락에도 불구하고 다윗과의 언

---

63) **이해** 일천 번의 제사가 아니라 한 번에 일천 마리의 제물로 드린 제사를 의미합니다(대하 1:6). 또한 일천 마리의 제물로 제사를 드렸기 때문에 하나님이 큰 복을 주신 것이 아닙니다. 성경을 자세히 보면 하나님의 백성을 위해 듣는 마음을 간구하던 솔로몬의 마음을 보셨다는 것을 알 수 있습니다. 사람들은 자신의 행위로써 다른 사람을 속일 수 있습니다. 하지만 하나님은 행위보다 그 마음을 보고 계심을 기억해야 합니다(삼상 16:7).

64) **생각** 개정판에는 '지혜'라고 되어 있지만 개정개역4판에는 '듣는 마음'으로 번역되어 있습니다. 영어 단어 중에 '마음'을 뜻하는 것이 'heart'입니다. 이 단어를 두 단어로 나눠보면 'hear'+'art'가 됩니다. 우리의 마음을 온전히 다스리기 위해서는 '듣는 기술'이 중요하다는 뜻입니다. 그래서 heart의 가운데 'ear'가 있고, 하나님께서는 끊임없이 '들으라'고 하셨던 것입니다. 또한 heart의 h를 뒤로 보내보세요. 이 땅(earth)에서 살기 위해서는 무엇이 중요한지가 보일 것입니다. 그것은 바로 우리의 '귀(ear)'로 무엇을 듣느냐에 달려 있음을 보여줍니다. 후에 사도 바울도 '믿음은 들음에서 난다'(롬 10:17)고 말했습니다.

65) **이해** 하나님께서는 솔로몬에게 꿈으로 두 번이나 나타나셨습니다(왕상 3장,

약을 기억하셔서 솔로몬 생전에 징계하지 않으시고 그가 죽은 후에 나라가 남과 북으로 분열되게 하셨습니다.

이스라엘의 초대 왕인 사울로부터 다윗과 솔로몬은 각각 40년씩 나라를 다스렸는데 이 기간(120년)을 통일왕국시대라고 부르고 솔로몬이 죽은 후에 남유다와 북이스라엘로 분열된 이후를 분열왕국시대라고 부릅니다.

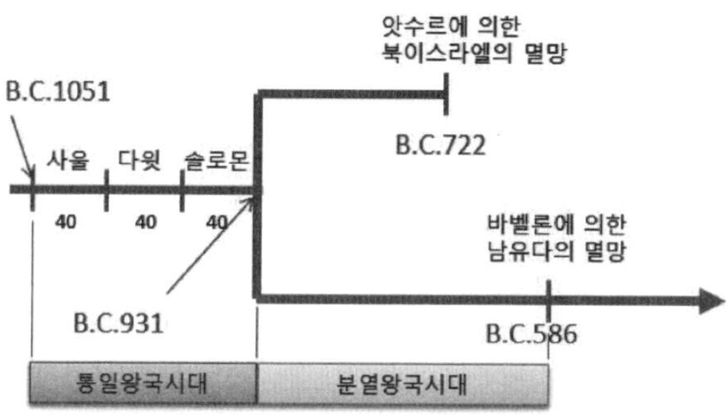

9장). 솔로몬이 성전을 봉헌하면서 자칫 교만해 질 수 있음을 아시고 눈에 보이는 성전보다 하나님의 계명과 법도를 지켜 행하는 것이 더 중요하다고 강조하셨습니다. 외적인 행위보다 그 행위를 하는 마음을 원하셨던 것입니다. 결국 하나님의 말씀에 귀를 기울이지 않고 왕의 규례를 지키지 않음으로 그의 마음은 하나님을 떠나게 된 것입니다.

기억 성경에는 11장에서 큰 사건이 일어납니다. 창세기 11장-바벨탑 사건, 사무엘하 11장-다윗의 바셋바 사건, 열왕기상 11장-솔로몬 타락 사건, 하지만 히브리서 11장에는 믿음으로 살았던 하나님의 사람들에 대해 기록하고 있습니다.(3부-부록, 장으로 연결하는 성경 참조)

3) 남유다와 북이스라엘로의 분열(열왕기상 11장~열왕기하 25장)

남쪽에는 유다지파와 베냐민 지파가 남아 남유다로 불리었고, 북쪽에는 그 외 10지파가 북이스라엘로 불리게 되었습니다. 남유다는 솔로몬의 아들 르호보암으로부터 총 20명의 왕들이 약 350여 년간을 통치했고, 북이스라엘은 여로보암으로부터 시작하여 총 19명의 왕들이 약 200여 년간 통치하게 됩니다.

구약성경 대부분의 선지서가 바로 분열왕국 시대와 관련이 있습니다.[66)]

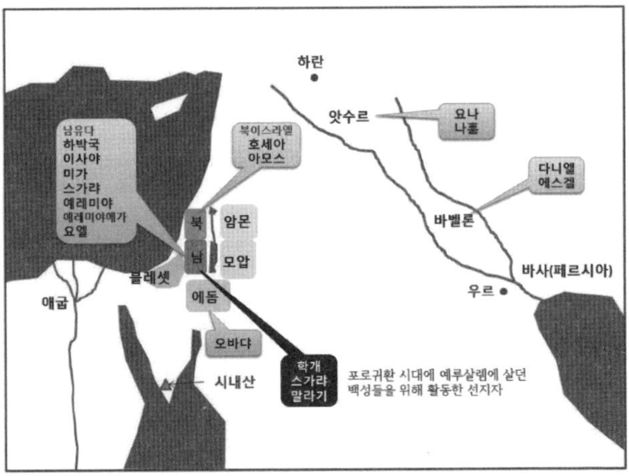

---

66) 기억 하나님께서는 북이스라엘에게 "화(호+아)"가 나셨습니다. 남유다는 예레미야 선지자를 생각하면서 Mr. 예레미야에게 인사해 보세요. "(Hi! Mr. 예레미야예요? 하.이 미,스.터 예.애.요?"). 에돔은 야곱의 형이지요. 에서 형! 동생 야곱이 오면 받아줘(오바댜). 요나가 가야했던 니느웨 성은 앗수르의 수도였습니다. '요' '나'같이 불순종했던 요나를 생각하며 '요'나, '나'훔을 기억하세요. 요나가 도망쳤던 곳은 '다시' '스'스로 돌아오게 되는 '다시스'였습니다. ^^

선지자들의 외침은 한결 같았습니다. "하나님의 말씀을 듣고 회개하고 돌아오지 않으면 멸망당한다"는 것이었습니다. 하지만 하나님의 말씀에 귀를 기울여 듣는 자가 없었습니다. 결국 선지자들의 예언과 같이 북이스라엘은 앗수르라는 나라에게 멸망당하고[67], 남유다는 바벨론에게 멸망당해 성전이 완전히 무너지고 포로로 끌려가게 됩니다.

4) 예레미야 선지자

예레미야[68] 선지자는 눈물의 선지라라 부릅니다. 왜냐하면 이스라엘의 멸망을 목도하고도 남유다가 하나님의 말씀에 귀 기울이지 않고 순종하지 않아 하나님의 심판이 이미 시작되었음을 선포했기 때문입니다. 예레미야가 선포한 내용은 남유다 백성들이 바벨론의 포로가 되어 70년[69]이라는 시간 동안 포로생활을 하게 될 것

---

67) **이해** 앗수르의 정책은 민족 혼합정책이었습니다. 당시 북이스라엘의 수도는 사마리아였는데 이때 사마리아 땅의 사람들을 다른 나라로 이주시키고, 다른 이방 민족을 사마리아로 이주시켜 강제로 혼인시키는 정책을 폈습니다. 이후로부터 유대인들은 사마리아 사람들을 인정하지 않았고 '개'로 취급할 정도였습니다. 복음서에 '개'와 관련된 이야기가 나오는 이유가 여기에 있습니다.

68) **이해** 요시야 왕이 죽은 때부터 활동한 선지자입니다. 또한 예레미야가 다른 선지자들과 다른 점은 이미 망한 나라를 보고 예언했다는 점인데 이것은 노아의 경우와 비슷합니다.

69) **이해** 포로생활이 70년이었다는 두 가지의 근거는 ① 1차 포로가 끌려간 시

이라는 내용이었습니다. 하나님께서 마음을 정하셨기 때문에 이제는 회개해도 소용이 없다는 것입니다. 나라가 멸망할 것을 이미 알고 포로생활을 준비하라고 전해야만 했던 선지자의 심정이 어떠했겠습니까? 눈물을 흘리지 않고서는 결코 전할 수 없는 메시지였을 것입니다.

5) 선지서들의 주요 내용

구약 17권의 선지서는 앞의 그림과 같이 각 나라에서 활동한 선지자들을 한데 묶어 정리하였습니다.[70)]

점이 B.C.605년경이고 그후 1차 포로 귀환이 B.C.536년경이므로 70년으로 보는 것과 ② 예루살렘 성전이 파괴된 것이 3차 포로가 끌려온 B.C.586년경이고, 그 후 스룹바벨에 의해 성전이 재건된 때가 B.C.516년경이라는 것을 근거로 보는 두 가지 견해가 있습니다.

70) **이해** 선지서를 대할 때마다 어렵게 느껴지는 이유는 각 선지서가 어느 시대에, 어떠한 배경에서 쓰였는지를 잘 모르기 때문입니다. 여기서는 구약의 선지서들을 시간의 순서대로 정리해보았습니다. 〈포로시대 이전〉 오바댜→요엘→요나→아모스→호세아→이사야→미가→나훔→스바냐→하박국→예레미야→〈포로시대〉 예레미야애가→다니엘→에스겔→ 〈포로귀환시대〉 학개→스가랴→말라기

① 북이스라엘에서 활동했던 선지자[71]: 호세아, 아모스

호세아서는 북이스라엘의 임박한 패망의 예언 가운데서도 그들을 향한 하나님의 사랑을 전하고 있습니다. 이러한 하나님의 사랑은 정절을 지키지 못한 아내에 대한 남편의 사랑과 새벽빛, 그리고 늦은 비 등의 표현으로 북이스라엘에게 구원이 있을 것을 선포합니다. 호세아는 배교자들을 향한 하나님의 사랑과 배역 자를 회복시키시는 하나님의 방법을 기록하고 있습니다.

아모스서는 하나님의 법도를 떠나 패역한 북이스라엘의 멸망을 알리며, 동시에 죄를 회개한 자에게는 구원을 선포하며 희망을 전해주고 있습니다. 아모스는 이스라엘 민족이 하나님 만날 준비를 하지 아니하면 하나님이 심판 하실 것임을 전하는 것입니다.

---

71) **이해** 선지자들의 자격은 어떠했을까요? ① 선지자는 하나님을 대신하여 다른 사람에게 말할 수 있는 권위가 부여된 사람입니다(출 6:28~30). ② 선지자가 전하는 메시지는 하나님으로부터 직접 받은 것이어야 합니다(민 12:1~2,6). ③ 전한 메시지는 진실성을 입증할 수 있어야 하며, 진실성을 입증할 수 있는 표적이 수반됩니다(신 13:1~5; 18:15~22; 13:1). ④ 선지자의 메시지는 그 전에 받은 계시와 조화를 이루어야 합니다(신 13:1~5). ⑤ 선지자는 자신을 내세우지 않고 하나님의 이름을 드러내야 합니다(신 18:18~20). 특히 신명기 18:18에서 "앞으로 일으킬 선지자는 모세와 같아야 한다"는 의미는 선지자의 계시가 모세의 계시와 닮아야 한다는 것으로 모세의 계시와 일관성이나 연속성이 있어야 한다는 뜻입니다.

② 남유다: 하박국, 이사야, 미가, 스가랴, 예레미야, 예레미야애가, 요엘

하박국서는 하나님의 백성으로서의 남유다의 죄악을 악인들의 손을 사용하셔서 심판하시고 악인들은 그들의 죄악으로 인하여 심판하실 것을 전하고 있습니다. 하나님은 그 어떠한 악도 방관하지 않으시고 심판하시는 분이기 때문에 악인이 의인을 핍박할지라도 믿음을 가지고 하나님의 때를 기다릴 것을 말씀하고 있습니다. 하박국은 죄악 속에서도 역사하시는 하나님이 계시기에 의인은 믿음으로 살아야 한다는 것입니다.

이사야서는 구약의 선지서 중에서 신약성경에 가장 많이 인용되는 책입니다. 이사야 선지자는 이스라엘 백성들에게 죄를 떠나 하나님께로 돌아가야 한다는 것을 외치면서 메시야가 오셔서 모든 백성들의 죄를 용서하시고 위로하실 것을 전하고 있습니다.

미가서는 하나님의 백성들이 범하는 사회적인 악과 우상 숭배를 책망하며, 그들이 섬기는 하나님이 무엇을 원하시는지를 보여 주고 있습니다. 미가는 불의와 의식주에 대한 하나님의 진노를 말하면서 여호와 같은 신이 없음을 선포합니다.

스바냐서는 유다 뿐 아니라 전 세계에 임할 '여호와의 날'을 엄중히 선포하고 심판 중에도 회개한 이방인과 이스라엘의 남은 자들에게 주어질 하나님의 구원을 알려주고 있습니다. 스바냐는 황폐와 구원의 날을 강조하면서 질투하시는 하나님을 보여주고 있습니다.

예레미야서는 자신들은 결코 심판 받지 않을 것이라고 굳게 믿고 있었던 백성들에게 하나님의 심판이 임할 것을 선포하는 내용입니다. 그렇기 때문에 이러한 메시지를 전하던 예레미야는 백성들에게 멸시와 박해를 받을 수밖에 없었지만 민족에 대한 동정과 근심으로 인해 슬퍼했습니다. 예레미야는 심판의 메시지와 함께 신실하게 하나님의 뜻에 순종할 것을 전하면서 하나님의 백성의 마음에 새겨질 새 언약의 도래를 예언하였습니다.

예레미야애가[72]서는 바벨론에 의해 폐허가 된 예루살렘을 다섯개의 시로써 슬프게 노래하면서 마지막에는 회개와 함께 회복을 구하고 있습니다.

---

72) **이해** 예레미야애가의 저자는 미상입니다. 예레미야애가라고 부르는 이유는 예레미야와 같이 눈물의 시를 지은 사람이 예레미야라고 추정하기 때문입니다.

요엘서는 겸손과 회개의 필요성을 선포하며 다가오는 하나님의 심판의 확실성을 경고합니다. 또한 성령께서 강림하실 것을 예언하면서 다가올 구원을 확실케 하여 하나님의 원수들에 대한 멸망을 기억케 함으로써 하나님과의 약속에 신실하도록 권면하고 있습니다. 요엘은 이스라엘 백성들이 여호와의 날을 기억하며, 회개의 가치와 중요성을 강조합니다.

③ 앗수르(니느웨): 요나, 나훔

요나서는 니느웨 사람을 위해 애쓰는 하나님의 선교 활동을 보여 주며, 하나님의 우주적인 관심과 사랑이 무엇인지를 나타내고 있습니다. 요나는 세상 모든 민족을 향한 하나님의 사랑과 이스라엘이 이방인이라 여기는 그들 가운데서도 역사하시는 하나님을 증거하고 있습니다.

나훔서는 요나서와 같이 니느웨 성에 대한 예언의 말씀입니다. 니느웨 성은 요나 선지자의 메시지를 듣고 회개하여 심판을 면했었지만 나훔서에서는 다시 타락한 백성들로 인해 니느웨 성이 멸망 받을 것임을 선포하고 있습니다. 요나서와 나훔서의 시간적 차이는 100여년 정도 됩니다. 나훔은 믿음을 배반한 자에 대한 무서운 심판을 묘사하는 것입니다.

④ 에돔: 오바댜

오바댜서는 에돔의 죄를 질책하며, 종국에는 에돔이 멸망할 것을 선포하는 것과 반대로 택한 백성 이스라엘은 징계를 받으나 완전히 버림받지 않을 것임을 선포하고 있습니다. 오바댜는 파산하는 바위(에돔 민족)와 지속적인 왕국(이스라엘 나라)을 설명하면서 이스라엘을 대적하는 행위는 악한 행위임을 보여줍니다.

⑤ 바벨론: 다니엘, 에스겔

다니엘서는 포로로 끌려갔지만 신실하게 하나님을 섬겼던 다니엘과 세 친구의 이야기를 통해 세계 모든 역사를 주관하시는 하나님의 능력과 하나님을 신실하게 섬기는 사람들의 삶을 분명하게 보여주고 있습니다. 다니엘서에는 또한 이해하기 힘든 꿈과 환상, 그리고 이것들에 대한 해석을 기록하면서 이를 통해 하나님의 능력과 하나님의 궁극적인 승리를 분명하게 보여줍니다.

에스겔서는 하나님께서 에스겔에게 보여주신 환상에 대한 이야기로써 앞으로 일어날 일들과 오랜 기간이 지난 다음에 이루어질 하나님의 계획에 대한 것입니다. 그 중에는 성전에 대한 환상도 있었습니다. 에스겔은 그가 본 환상을 가지고 백성들을 권면하고 때로는 경고하기도 하며 하나님께서 맡기신 파수꾼의 역할을 잘 감당하였습니다.

⑥ 포로귀환 시대 남유다: 학개, 스가랴, 말라기

학개서는 바벨론의 포로 생활에서 귀환한 백성들이 성전을 건축하다 중단하자 이를 책망하고 나태하고 무관심해진 백성들을 각성시켜 성전 재건에 힘쓰도록 격려합니다. 학개서의 중심 주제는 하나님의 백성들에게는 모든 생활과 헌신에 있어서 하나님을 우선해야 한다는 것을 강조합니다.

스가랴서는 포로 생활에서 귀환한 후에 성전 재건을 성공적으로 마친 백성들이 영적으로 부흥할 수 있도록 격려하고 있습니다. 스가랴서의 중심 주제는 온 땅을 통치하시는 하나님이 그의 백성을 인도하시고 보호하고 계심을 나타내는 것입니다.

말라기서는 포로 생활에서 귀환한 백성들이 학개와 스가랴의 명령대로 성전을 재건했지만 하나님께 마땅히 드려야할 돈과 시간, 재능 등을 도둑질한 죄악들을 지적하고 있습니다. 또한 장차 오실 메시야 맞을 준비를 할 것과 이를 위해 선지자(세례 요한)를 보내시겠다고 약속하십니다. 말라기서의 중심 주제는 여호와의 날을 기억하라고 선포하면서 하나님을 기억하여 회개하고 돌아오라는 것입니다.

6. 포로시대와 귀환-포로생활에서 귀환

성　　경 : 에스라, 느헤미야 (에스더, 다니엘, 에스겔, 학개, 스가랴, 말라기)
주요내용 : 남유다의 바벨론 포로기, 고레스 칙령, 포로귀환과 성전 및 성벽 재건
주요인물 : 다니엘과 세 친구, 고레스 왕, 스룹바벨, 에스라, 느헤미야, 에스더

남유다는 바벨론에 멸망당하여 3차례에 걸쳐 포로로 끌려갔습니다. 후에 바벨론은 바사왕국에 멸망을 당하였는데 바사왕국의 고레스 왕은 포로로 끌려온 사람들을 각자 자기 고향으로 돌아가라는 칙령을 내립니다. 그래서 예레미야의 예언과 같이 70년의 포로생활이 끝나게 됩니다. 고국으로 돌아온 이스라엘 백성들은 성전과 성벽을 재건하였고, 지쳐있던 백성들은 하나님의 말씀으로 위로를 받습니다.

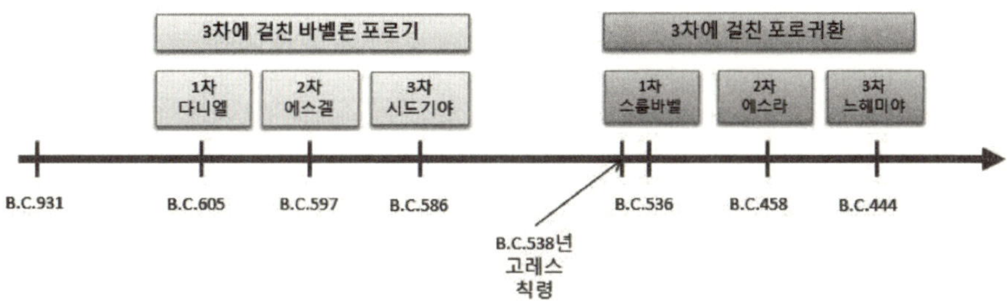

1) 3차에 걸쳐 끌려간 포로생활(다니엘, 에스겔)

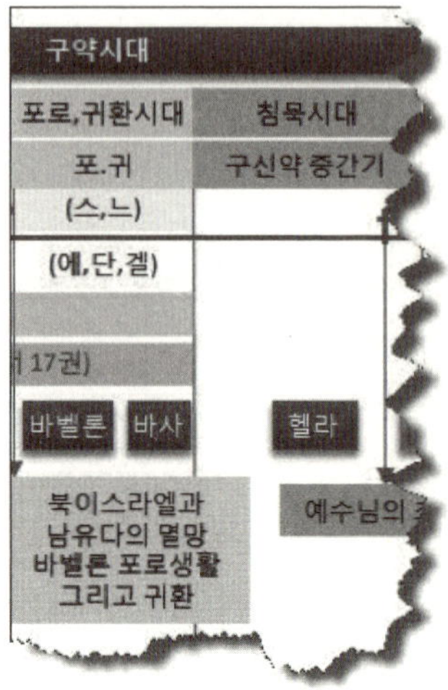

북이스라엘을 멸망시켰던 앗수르는 바벨론에 의해 멸망당합니다. 바벨론은 B.C.605년경 남유다 백성들 중 다니엘과 세 친구를 중심으로 시작해서 3차에 걸쳐 포로를 데려갑니다. 3차로 포로를 데려가던 B.C.586년경에는 남유다의 마지막 왕이었던 시드기야를 데려갔으며, 예루살렘 성전 또한 완전히 파괴시켜버립니다. 이처럼 하나님의 말씀을 듣지 않고 순종하지 않았기 때문에 남유다는 70년이라는 시간 동안 이방 땅에서 포로생활을 하게 됩니다.

2) 포로생활의 의의

북이스라엘을 멸망시킨 앗수르는 민족 혼합정책을 폈지만 남유다를 멸망시킨 바벨론은 점령한 나라의 인재들을 데려가 교육하여 등용시키는 정책을 펼쳤습니다. 다니엘과 세 친구는 이러한 이유 때문에 바벨론으로 끌려왔고, 바벨론의 지도자가 될 수 있었던 것입니다. 이렇게 한 이유는 넓은 땅을 다스림에 있어서 반란을 막으

려는 의도였습니다. 그래서 바벨론 생활은 노예생활과는 다른 것이었습니다.

바벨론에서의 포로생활의 의미는 하나님을 저버린 것에 대한 징계[73]였지만 하나님과의 관계에 있어서는 매우 유익한 시기였습니다.

먼저, 성전 중심의 신앙생활에서 회당 중심의 신앙생활로 변화된 계기가 되었습니다. 하나님께서 모세를 통해 성막을 지으라고 하셨던 이유가 하나님의 백성들 가운데 함께 동행하시기 위함이었지만 솔

---

73) 생각 '징계'란? '징'징대는 자녀들을 위해 '계'속되는 하나님의 사랑!
'하나님의 징계'는 하나님의 자녀를 위한 사랑의 또 다른 표현임을 기억해야 합니다. 히브리서 11장에서 소개되는 믿음의 사람들도 모두가 완전하지는 않았습니다. 오늘을 사는 우리들도 믿음으로 산다고 하지만 때로는 죄를 범하기도 합니다. 그때마다 하나님께서는 우리가 하나님께 돌아올 수 있도록 사랑의 '징계'를 베푸십니다. 징계하심을 통해 하나님을 바라볼 수 있도록 하십니다. 사사기의 순환을 기억하십니까? 하나님의 징계가 있을 때마다 죄에서 돌이켜 하나님께 부르짖었던 이스라엘을 기억해 보면 쉽게 이해할 수 있습니다. 이러한 맥락에서 히브리서 12장의 징계의 의미를 이해하고 구약의 선지서를 읽어본다면 하나님이 그 백성을 얼마나 사랑하고 계시는지를 깨달을 수 있을 것입니다. "주께서 그 사랑하시는 자를 징계하시고 그가 받아들이시는 아들마다 채찍질하심이라 하였으니 너희가 참음은 징계를 받기 위함이라 하나님이 아들과 같이 너희를 대우하시나니 어찌 아버지가 징계하지 않는 아들이 있으리요 징계는 다 받는 것이거늘 너희에게 없으면 사생자요 친아들이 아니니라"(히브리서 12:6~8)

로몬 성전은 솔로몬 궁전 안에 위치해 있어 모든 백성들이 쉽게 접근하기 어려웠습니다. 그래서 성전이 지어졌음에도 불구하고 백성들은 여전히 산당에서 제사를 지내야 했던 문제도 있었습니다. 성전 중심에서 회당 중심으로 변화된 것은 하나님의 말씀을 중심으로 살아가는 신앙 공동체로서의 모습을 갖추게 되었다는 것이고, 이것이 곧 성령 강림 이후 교회 공동체의 모습으로 나타나게 됩니다.

둘째, 포로생활을 통해 하나님께서 이스라엘을 택하시고 여자의 후손으로 약속하신 메시야를 보내시기 위해 어떠한 일을 하셨는지 아담으로부터 시작하여 다윗 왕을 중심으로 그들의 역사를 재정립했다는 것입니다. 이것이 포로귀환시대에 와서 에스라가 이스라엘의 역사를 재해석한 역대기상,하[74]의 내용입니다.

3) 포로생활에서 귀환(에스라, 느헤미야, 에스더)

왕후 '에스더'는 에스라와 느헤미야 시대 사이의 이야기로써 이방 땅에서 태어나 부모도 없이 친족 모르드개 손에서 자란 한 여인

---

74) 생각 역대기서라고 하기보다는 역대지서라고 하는 것이 좀 더 적절한 표현입니다. 왜냐하면 역사를 해석함에 있어서 에스라의 개인적인 해석이 포함되었기 때문입니다. 재미있는 사실은 다윗 왕을 중심으로 기록되었기에 다윗 왕의 밧세바 불륜 사건은 역대기서에 나오지 않는다는 것입니다. 오직 좋은 점만을 기록하고 있습니다.

의 이야기입니다. 이방 땅에서 태어나서 자란 에스더는 바사 왕국의 왕비를 뽑는 자리에 나가 왕비가 되었습니다. 그리고 이스라엘 민족이 '하만'이라는 사람의 계략으로 인해 몰살당할 위기에서 '죽으면 죽으리이다'(에 4:1-17)는 각오로 왕 앞에 나갔고[75], 하만의 계략으로부터 민족을 구원하는 역할을 감당하였습니다.

바사 왕국은 남유다를 멸망시킨 바벨론을 점령하였고, '고레스' 왕이 직위하자 포로로 끌려 왔던 모든 민족들을 각기 본국으로 돌아가라는 '고레스 칙령'[76]을 선포합니다. 하지만 고레스칙령이 있었다고 해도 이스라엘 백성들은 바벨론에서의 편안했던 생활과 황폐된 고국 땅에서의 해야 할 일들 사이에서 갈등하며 귀국을 주저했습니다.[77] 이러한 환경 속에서 귀환을 주도했던 지도자들과 그

---

75) **이해** 당시 왕비는 왕이 부르지 않았음에도 불구하고 왕 앞에 나가면 죽는 시대였습니다. 그렇기 때문에 이스라엘 백성을 살리기 위해 자신의 목숨을 걸고 왕 앞에 나갔던 것입니다.

76) **이해** 고레스 칙령(B.C.538년): "모든 백성들은 자신들의 고향으로 돌아가 자신들의 신을 섬기도록 하라"는 것입니다. 이것은 고레스가 바벨론제국 전체를 자기의 세력 하에 넣기 위하여 내린 칙령이었지만 결과적으로 하나님의 일을 수행한 사람이 되었습니다(대하 36:22-23; 스 1:1~4). 이 사실만 보더라도 하나님은 세상 모든 역사의 주관자이심을 분명히 알 수 있습니다.
기억 '고레스'라는 이름은 '가라고 했어?' 'Go 했어?' 라고 기억하면 됩니다.

77) **이해** 이때 바벨론에서 고국으로 귀국하지 않고 남아 있던 이스라엘 백성들

들이 했던 일은 참으로 귀한 일이었습니다.

3차에 걸친 귀환과 행적들
1차 : B.C.536년 스룹바벨의 인도로 귀환하여 성전을 재건하고,[78]
2차 : B.C.458년 에스라의 인도로 귀환하여 율법으로 백성들의 마음을 재건하고,
3차 : B.C.444년 느헤미야의 인도로 귀환하여 성벽을 재건하게 됩니다.

4) 1차 귀환: 성전 재건(에스라 3~6장, 학개, 스가랴)

이스라엘은 완전히 황폐된 성전뿐만 아니라 백성들의 마음까지도 황폐해져 있었습니다. 70년이라는 시간은 그리 짧은 시간이 아니었던 것입니다. 하지만 모든 백성들에게 한 가지 중심될 만한 것이 있었습니다. 그것은 바로 하나님을 향한 신앙의 중심이었던 성전입니다. 그래서 1차로 귀환한 스룹바벨을 중심으로 학개, 스가랴 선지자와 함께 성전을 재건하였습니다(스 6:8-12). 이 성전은 남유다가 멸망당하면서 무너졌던 솔로몬 성전을 스룹바벨을 중심

은 계속해서 이방 땅에서 살아갑니다. 이들이 흩어져 살다가 후에 만난 사람이 바로 사도 바울입니다. 바울이 예수 그리스도의 복음을 들고 전도여행을 다니면서 이방 땅에서 만났던 히브리 민족이 바벨론 포로기에 귀국하지 않고 남아 있던 사람들의 후손들입니다.

78) **이해** 에덴 → 성막 → 솔로몬 성전 → 스룹바벨 성전 → 에스겔 성전(환상) → 헤롯 성전 → 마음 성전 → 하나님과 어린양 성전(3부-부록 참조)

으로 재건했다고 해서 '스룹바벨 성전' 혹은 '제2성전'이라고 부릅니다.

5) 2차 귀환: 이스라엘의 영적 재건(에스라 7~10장, 느헤미야 7~10장)

포로귀환 시대에 성전 재건만큼 중요했던 일은 나라를 잃었던 백성들의 마음을 재건하는 일이었습니다. 솔로몬이 성전을 하나님께 봉헌했을 때에도 하나님께서는 그의 꿈을 통해 나타나셔서 성전 건물보다 더 중요한 것은 마음이라고 말씀하셨습니다. 에스라는 하나님의 말씀으로 백성들의 마음을 위로하고 재건시킨 제사장이면서 학사였습니다. 그는 귀환한 후 가장 큰 문제였던 혼인 문제의 개혁을 단행했습니다. 이방 족속과 행해졌던 잡혼의 문제는 방백들로부터 거의 모든 백성들에게 일어났던 문제였기에 에스라는 회개운동을 일으켰고, 율법을 가르치며 모든 백성들의 마음을 새롭게 개혁하는 영적 재건에 힘썼습니다.

6) 3차 귀환: 성벽 재건(느헤미야 1~6장)

느헤미야는 예루살렘을 다녀온 사람들로부터 고국의 참담함을 듣고 하나님 앞에서 금식하며 울며 기도했습니다. 그리고 하나님의 은혜를 입어 바사 왕 아닥사스다의 술잔을 맡은 신하가 됩니다. 왕으로부터 신뢰를 얻은 느헤미야는 고국 땅의 성벽 재건을 위해 유대 총독으로 임명되어 백성들을 이끌고 3차로 귀환하였습니다. 예루살렘에 도착하여 성벽을 재건할 때 많은 사람들이 그를 방해하였습니다. 하지만 주변 반대자들의 방해에도 불구하고 한 손에는 무기를 들고, 또 한 손에는 연장을 들고 작업하여 52일 만에 성벽을 재건하였습니다. 느헤미야는 백성들에게 '여호와를 인하여 기뻐하는 것이 너희의 힘이니라'(느 8:10)라고 외쳤던 지도자입니다.

7. 침묵시대– 하나님의 침묵과 일하심

성　　경 : 없음, 유대인들의 탈무드가 기록된 시기
주요내용 : 헬라와 로마의 등장, 정치세력, 메시야의 길을 준비(언어 통일, 도로 확장)

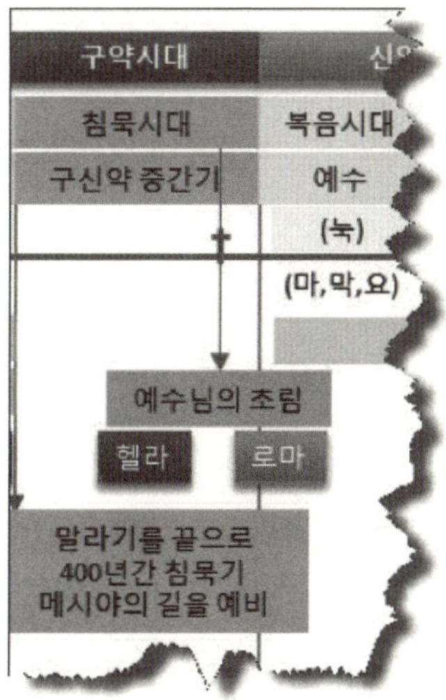

70년의 포로생활이 끝나고 고향으로 돌아온 이슬라엘 백성들은 여전히 하나님께 마음을 드리지 않았습니다. 출애굽에서부터 가나안에 정착하고, 사사들이 다스렸을 때도, 왕을 세워달라고 하여 왕을 허락했을 때도, 그리고 성전이 무너지고 나라가 멸망당한 후에도 사람들은 하나님께 온전히 돌아오지 않았습니다. 그래서 하나님께서는 선지자를 더 이상 보내지 않으시고 침묵하셨습니다. 하지만 여자의 후손으로서의 메시야를 보내시기 위해 침묵 속에서도 하나님께서는 일하셨습니다.

1) 침묵시대란?

노아의 홍수 심판 이후에도 사람들은 하나님의 명령에 순종하지 않았습니다. 그래서 언어의 혼잡을 통해 민족들이 나뉘게 되었습니다. 출애굽 이후에도 사람들은 하나님께 온전히 순종하지 않았고, 약속의 땅에 들어가 정착한 이후에도 마치 왕이 없는 것처럼 자신들의 소견에 옳은 대로 살았습니다. 왕들이 다스리던 시대에도 같은 죄악을 저질러 결국 나라가 멸망하여 70여년이라는 세월동안 포로 생활을 했지만 그래도 정신을 차리지 않았습니다. 그래서 하나님께서는 말라기 선지자 이후 선지자를 더 이상 보내지 않으셨는데 이 기간이 약 400여년 됩니다. 바로 이 기간을 일컬어 침묵시대라고 부르는 것입니다.

그렇다면 구약시대[79]는 언제까지일까요? 앞에서도 얘기 했듯이 "모든 선지자와 율법[80]이 예언한 것은 요한까지니"(마 11:13)라는 말씀에 따라 세례 요한의 죽음까지가 구약시대라고 할 수 있습니다.

---

79) 구약과 신약의 구분-1부 참조

80) **이해** 신약성경에 나오는 "선지자와 율법"은 구약의 모세오경과 선지서들을 의미합니다.

2) 열강들의 변화

아브라함시대로부터 예수님의 오심까지 이스라엘을 둘러싼 주변 열강들의 변화[81)]를 정리할 필요가 있습니다. 이들 나라들은 흥황했다가 쇠퇴하는 일을 반복했으며, 이스라엘을 다스렸던 나라들이기도 합니다.

<table>
<tr><th>열강들</th><th>특기 사항</th><th>비 고</th></tr>
<tr><td>애굽</td><td>이스라엘 민족을 400여년간 종으로 부림</td><td>출 1:8이후</td></tr>
<tr><td>앗수르</td><td>BC722–북이스라엘을 점령하여 민족 말살정책을 행함</td><td>사마리아 지역에
대한 비하시작</td></tr>
<tr><td>바벨론</td><td>BC586–앗수르를 점령한 후, 남유다를 점령하여 포로로 끌고감</td><td>포로시대</td></tr>
<tr><td>바사</td><td>BC516–바벨론을 점령하고 포로들을 본국으로 귀환시킴</td><td>포로귀환시대</td></tr>
<tr><td rowspan="2">헬라</td><td>BC333–① 점령한 나라에 학교를 세우고 헬라어를 교육
② 헬라어를 3대륙(아프리카, 아시아, 유럽)의 공통어로 사용
③ 히브리어로 된 성경을 헬라어로 번역(70인역)</td><td rowspan="3">침묵시대</td></tr>
<tr><td>BC164–이스라엘의 독립(마카비아 혁명–100여년 지속)
–안티오쿠스 에피파네스의 폭정으로 일어난 구테타 성공
⇒로마의 폼페이우스 장군에 의해 멸망한 것</td></tr>
<tr><td>로마</td><td>철의 나라로 불림
① 언어 통일(헬라어를 사용)
② 행정 통일(다스리던 나라를 자유롭게 왕래)
③ 도로 건설(군사용으로 건설하여 이동에 용의함)</td></tr>
</table>

---

81) 기억 이 열강들은 '애굽–앗수르–바벨론–바사–헬라–로마'로 이어집니다. 각 나라의 첫 글자를 연상해서 "애앗 바바 헬로! (얘야 봐봐 Hello!)"라고 하는 말로 외우면 쉽습니다. 우리는 모두 하나님 앞에서 아이와 같다는 점도 함께 기억하시면 어떨까요?

3) 정치세력

우리가 신약성경을 읽을 때마다 등장하는 정치세력들은 아래 표와 같이 정리할 수 있습니다. 좀 더 쉽게 이해하기 위해 우리의 입장에서 여당, 야당 세력으로 구분하였습니다.

구분 / 생긴시기	여당 세력	야당 세력
헬라	산헤드린 71명으로 구성된 최고 법정기관	서기관 하나님의 율법을 해석하고 가르치고 기록하는 일을 감당
이스라엘	사두개인 대제사장 사독의 후손 이성적인 것만을 믿음(부활 X)	바리새인 율법주의자들로 들키는 것만 죄가 됨 부활, 천사 등을 믿음
로마	세리 동족에게 세금을 거둬 로마로 바침	열심당 반로마 폭동을 주도(시카리)

디모데성경연구원의 신약의 파노라마 참조

4) 메시야를 위한 준비

침묵시대는 하나님께서 이 땅에 선지자를 보내지 않으셨지만 창세기 3:15절에 '여자의 후손'으로 약속하신 메시야를 보내시기 위해 스스로 준비하신 기간입니다. 400여년이라는 시간 동안 많은 일들이 있었지만 그 중에서도 중요한 일은 첫째, 헬라 문화의 영향으로 지중해 연안의 모든 나라의 언어가 헬라어로 통일 되었다는 점입니다. 이 때 히브리어로 쓰인 구약이 헬라어로 번역되었습니다(70인역). 둘째는 로마 제국이 모든 지역을 다스리게 되면서 국가 간의 국경이 없어지고, 군인들의 이동을 빠르게 하기 위해 닦아 놓은 도로가 여행에 큰 도움이 되었다는 점입니다. 셋째는 이스라엘 백성들이 당한 정치적인 고통으로 인해 그들을 억압에서 자유하게 해줄 메시야를 기다리는 마음이 크게 일어났다는 것입니다.

그리고 하나님께서 아담과 하와의 타락 이후 창세기 3:15에서 여자의 후손으로 약속하신 메시야, 예수 그리스도께서 성령으로 잉태되어 태어나셨고, 신약시대가 시작됩니다.

신약

신약시대는 예수 그리스도의 오심을 예비하게 위해 태어난 세례 요한의 죽음으로부터 시작됩니다. 신약의 주된 내용은 예수 그리스도의 나심과 행하셨던 '가르치고, 선포하고, 고쳐주신' 일들에 대한 기록과 예수 그리스도의 십자가에서의 죽음과 부활, 승천 그리고 성령 감림으로부터 시작된 교회의 확장에 대한 이야기입니다.

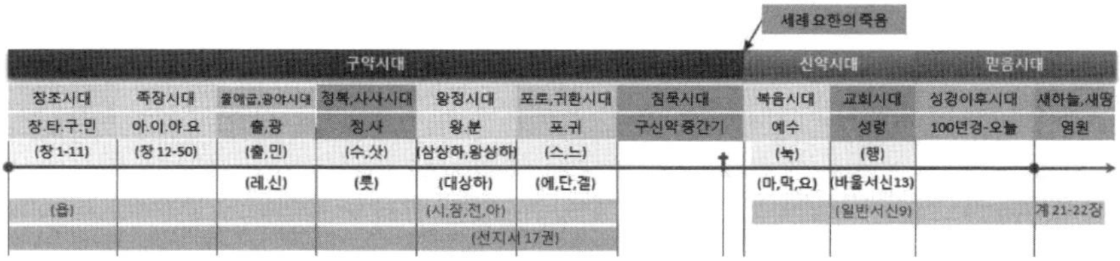

신약시대의 끝은 사도 요한이 밧모섬으로 유배를 간 후 그곳에서 성령 하나님의 영감으로 기록한 요한계시록 20장까지라고 할 수 있습니다. 요한계시록 21장과 22장[82]은 예수님이 재림하여 하나님의 심판이 있은 후의 삶이라고 볼 수 있습니다. 결국 우리가 살고 있는 이 시대는 신약시대와 예수님의 재림 사이의 시대인 것

82) 이해 창세기 1~2장과 요한계시록 21~22장은 이 땅에 죄가 없는 상태입니다.

입니다. 물론 얼마나 오래 될 것인지는 오직 하나님 아버지만 아시는 일입니다.

신약성경은 크게 사복음서와 사도행전, 그리고 서신서로 구성되었습니다. 사복음서는 예수님의 출생부터 부활까지의 내용이며, 사도행전은 예수님의 승천 이후 성령님이 강림하셔서 시작된 교회에 대한 이야기입니다. 그리고 서신서는 사도 바울이 전도하면서 각 교회에 보낸 편지들과 예수님의 동생이나 제자들이 교회와 성도들에게 보낸 편지들입니다. 특별히 사복음서의 저자 중 한 사람인 '누가'는 사도행전도 기록하였으며, 사도행전의 후반부는 사도 바울의 전도여행 이야기입니다. 바울 서신의 대부분이 이 전도여행과 관련이 있기 때문에 신약시대를 공부할 때는 누가복음과 사도행전을 중심으로 정리하고자 합니다. 그리고 일반 서신들은 그 중심 내용만 간략하게 정리할 것입니다.

신약시대는 3개의 시대로 나누어 공부할 것입니다.

8. 복음시대-예수

9. 교회시대-성령과 교회

10. 믿음시대-오직 믿음으로

8. 복음시대–예수

성　　경 : 누가복음, (마태복음, 마가복음, 요한복음)
주요내용 : 메시야 탄생, 가르침, 선포, 그리고 고치심의 사역들, 십자가의 죽음과 부활
주요인물 : 예수 그리스도와 제자들

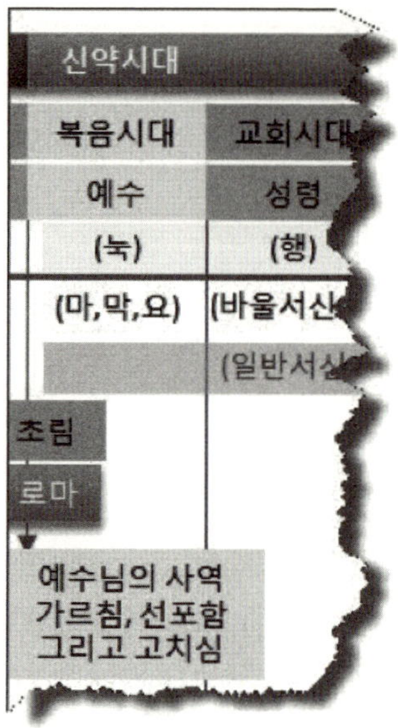

복음시대는 예수님의 시대입니다. 예수님의 출생에서부터 십자가에서의 죽으심과 부활에 이르기까지의 생애에 대한 이야기입니다.

1) 메시야 탄생(누가복음 1:1~4:13)

세례 요한은 구약의 마지막을 알리는 사람으로서 예수님의 길을 예비하기 위해 보냄을 받은 자입니다. 예수님의 나심은 목자들에게 나타나 찬송하는 천사들로부터 시작합니다. 구약의 예언과 같이 다윗의 자손 요셉과 마리아 가정에서 인간의 몸으로 태어났습니다. 이 땅에 오신 메시야는 태어난 지 팔 일째 할례를 받으셨고, 자라면서

하나님과 사람에게 더욱 사랑스러워 가셨습니다. 때가 되어 세례 요한에게 세례를 받으셨으며, 성령 충만한 가운데 광야에서 사단으로부터 세 가지의 시험[83)]을 받았으나 하나님의 말씀으로 승리하시고 본격적인 공생애 사역을 시작하셨습니다.

2) 갈릴리 지역에서의 사역(4:14~9:50)

예수님의 갈릴리 지역에서의 사역은 베드로와 야고보와 요한을 포함한 12명의 제자[84)]를 세우셨고, 바다를 잠잠케 하시고, 죽었던 야이로의 딸을 살리셨을 뿐만 아니라 보리떡 다섯 개와 두 마리의 물고기로 5,000명[85)]을 먹이시는 등의 기적을 행하셨습니다.

3) 유대 지방에서의 사역(9:51~19:27)

예수님은 두 명씩 짝을 이루어 35쌍(70명)을 각 지역에 파송하

---

83) 생각 **이해** 예수님이 받으셨던 시험과 아담과 하와의 시험 비교-각주 14번 참조

84) **이해** 예수님의 제자들은 사복음서에 모두 나옵니다(마 10:2~4, 막 3:16-19, 눅 6:14-16, 요 1:40-49; 6:71; 11:16; 14:22; 21:2). 요한복음에만 등장하는 나다나엘은 바돌로매와 동일 인물로 보고 있습니다. 사도행전에서는 죽은 유다를 대신하여 뽑힌 '맛디아'가 열두 제자에 포함되었음을 알려줍니다(행 1:13).-각주 30번 참조

85) **이해** 이스라엘 사람들은 사람을 계수할 때 20세이상 전쟁에 나갈 수 있는 남자만을 계수(민 1:3)했기 때문에 오병이어의 기적이 5,000명을 먹이셨다는 것은 5,000명보다는 훨씬 더 많은 수라는 것을 알 수 있습니다.

셔서 하나님 나라가 가까이 왔음을 전하게 하셨습니다. 그리고 제자들에게 기도문[86]을 가르쳐 주셨으며, 회개의 중요성을 가르치시며 하나님 나라를 선포하셨습니다. 또한 자기부인에 대해 말씀하시면서 제자도에 대해 가르치셨습니다. 18년 동안 귀신 들려 앓던 여인과 열 명의 나병환자, 맹인까지도 치유해 주셨습니다.

4) 예루살렘에서의 사역(19:28~24:53)

예수님께서는 하나님의 뜻을 이루시기 위해 예루살렘으로 입성하십니다. 예루살렘에 있는 성전에서 장사하는 이들을 내 쫓으시면서 성전을 깨끗이 하시고 성전에서 가르치셨습니다. 장차 일어날 환난과 항상 기도하고 깨어 있을 것을 말씀하셨습니다. 유월절을 준비하면서 가졌던 제자들과의 마지막 만찬을 하시던 자리에서 떡과 포도주를 주님의 살과 피라고 말씀하시면서 '먹을 때마다 주님을 기념하라고 하셨습니다(눅 22:14~23).[87] 그리고 바로 그 자

86) **이해** '주기도문'은 사복음서 중에서 마태복음(6장)과 누가복음(11장)에만 기록되어 있습니다.

87) **생각** 오늘날 교회에서 행하고 있는 '성찬식'을 말합니다. 예수님께서 잡히시던 날 밤, 제자들과 식사하시는 자리에서 빵과 포도주를 들어 축사하시고 예수님의 살과 피를 기억하라고 하신 것이 성찬식의 시작입니다. 하지만 어떤 교단에서는 일년에 두세 번 정도 밖에 행하지 않습니다. 그런데 성찬식을 조금만 달리 생각해보면 우리의 생활 속에서 늘 예수님을 기념할 수 있을 것입니다. 우리가 식사할 때마다 몸으로 들어가는 음식이 우리의 육체를 강건하게 하듯 예수님

리에서 가룟 유다 손에 의해 은 30에 팔려 가셨습니다. 이어 심문을 당하시고 십자가에서 세상 모든 죄를 지시고 돌아가셨습니다. 예수님은 죽음으로 끝나지 않으시고 장사한지 삼일 만에 죽음에서 부활하셨습니다.

5) 십자가의 죽음과 부활, 그리고 승천

창세기 3:15절에서 인류 구원을 위해 약속하신 여자의 후손으로서의 예수님의 사역은 십자가에서의 죽음으로 성취되었습니다. 예수님께서 나의 죄를 위해, 모든 인류의 죄를 위해 희생 제물로써 피 흘려 죽으셨기에 여러분과 저에게 구원의 길이 열린 것입니다. 이제 누구든지 예수 그리스도를 믿고 영접하면 하나님의 자녀가 됩니다(요 1:14).

예수님의 부활이전에도 육체적으로 죽었던 사람들이 다시 살아났던 경우가 있었습니다. 또한 오직 두 사람은 육체의 죽음을 보지 않고 하늘로 올라가기도 했습니다. 예수님께서 각종 병든 자들을 고쳐주신 일들과 자연에게 명령하신 일들은 예수님이 곧 하나님이

으로 말미암아 우리의 영혼이 강건하여지며 구원에 이른다는 것을 기억한다면 영적으로나 육체적으로 건강하게 하나님과 동행하는 삶을 살 수 있을 것입니다. 대부분의 사람들이 적어도 하루에 두세 번은 식사를 하기 때문입니다.

심을 증거합니다. 세상의 모든 역사와 인생의 생명이 하나님의 뜻에 있음을 분명히 알 수 있습니다.

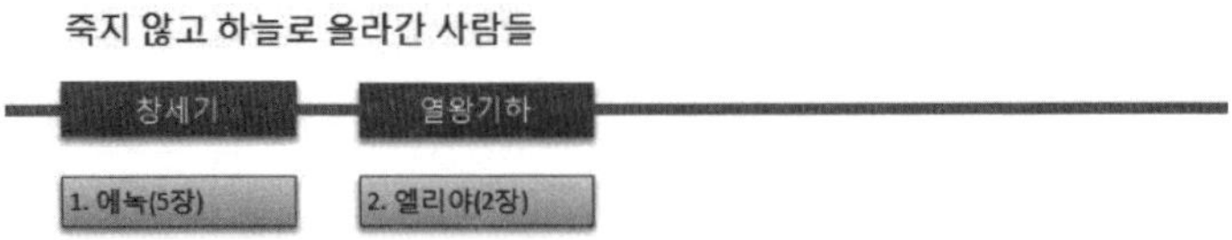

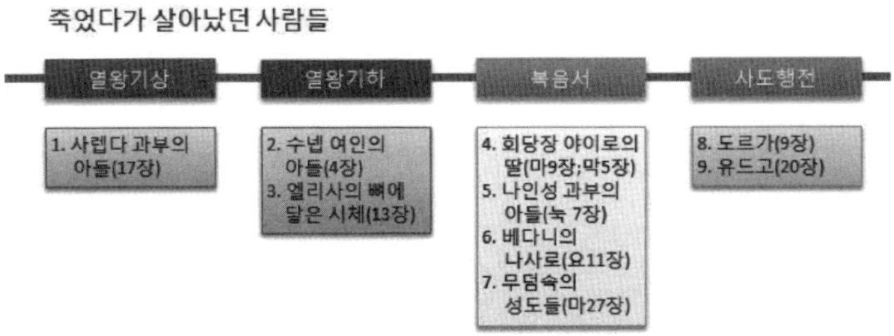

6) 예수님의 세 가지 사역

첫째는 "가르침(Teaching)"입니다. 예수 그리스도는 12명의 제자를 세우시고 그들을 가르치셨을 뿐만 아니라 농부, 어부를 비롯해 모든 사람들에게 가르치시는 사역을 하셨습니다. 예수님께서는 제자들과 함께 다니시면서 때와 장소를 가리지 않고 가르치셨고, 안식일에는 회당(synagogue)[88]에서 가르치셨습니다. 유대인들

88) **이해** 회당(Synagogue)의 기원은 B.C. 586년경 남유다의 멸망 이후 성전이 파괴되고 포로로 끌려간 바벨론에서 유대인들이 세운 것으로 알려져 있습니다. 구약의 솔로몬 성전으로부터 시작하여 성령 강림으로 시작된 신약 교회의 모형

의 생활풍습을 토대로 보면, 예수님은 회당에서 구약을 가르치셨으며, 하나님 아버지께서 여자의 후손으로 약속하신 장차 오실 메시야가 바로 자신이심을 가르치셨을 것입니다(눅 4:16-30). 포로시대이후 성전 중심에서 회당 중심으로 신앙생활이 변화된 모습은 바울 사도의 3차에 걸친 전도여행을 통해서도 알 수 있습니다.

둘째는 "선포하심(Preaching)"입니다. 예수 그리스도의 공생애는 "회개하라 하나님 나라가 가까이 왔다"는 선포로 시작되었고, 온 생애를 통해 하나님 나라를 선포하셨습니다. 하나님 나라에 대한 선포는 이 땅의 모든 사람들이 그 대상이었습니다. 당시 유대 지도자들이 주목하지 않았던 부류의 사람들[89]에게까지 예수님은 다가 가셔서 그들의 친구가 되어 주셨고, 구원을 선포하셨습니다.

셋째는 "고쳐주심(Healing)"입니다. 예수 그리스도는 '모든 병과 모든 약한 것을 고치'셨습니다. 누가는 "사람들이 온갖 병자들을

이 된 곳이기도 합니다. 회당은 하나님의 말씀을 강론하며 예배하는 장소로 쓰였을 뿐만 아니라 재판소, 학교, 혹은 신학교로까지 사용되기도 했습니다.

89) **이해** 여인들(마리아, 엘리사벳, 안나, 마리아와 마르다 등), 가난한 자, 사회적으로나 인종적으로, 종교적으로 소외된 자들(부도덕한 여인들, 사마리아 사람들, 나병환자들, 세리들, 죄인들, 가난한 자들), 그리고 이방인들에게까지 다가가셨습니다.

데리고 나아오매 예수께서 일일이 그 위에 손을 얹으사 고치시니" (눅 4:40)라고 기록하고 있습니다. 예수님의 치유사역은 병든 사람으로부터 귀신을 쫓아내심과 연결되기도 하며, 인간으로서가 아닌 창조주 하나님만이 하실 수 있는 능력과 권위를 보여주셨습니다.

7) 네 가지 다른 시각으로 쓰인 복음서[90)]

사복음서는 각각의 특징이 있습니다. 저자의 직업도 다르고 의도한 독자층도 다르기 때문에 쓰인 내용에도 차이가 있습니다.

예수님은 제자들에게 성령님을 약속하셨고, 예수님이 승천하신 후에 약속대로 성령님이 오셨습니다. 그리고 이 땅에는 주님의 몸된 교회가 세워졌고 사도들에 의해, 그리스도인들에 의해 확장되어 갔습니다. 이 역사는 오늘도 계속되고 있습니다.

---

90) 디모데성경연구원의 신약의 파노라마 참조

91) **이해** 신약시대에는 크게 네 종류의 사람들이 함께 살아가는 다민족 국가였습니다. 그 첫째는 유대인들로서 이들은 하나님의 율법으로 살아가는 사람들이었습니다. 두 번째는 유대민족을 지배했던 로마인이며, 세 번째는 그 시대의 문화와 언어, 문학을 주도했던 헬라인들입니다. 그리고 우리와 같이 예수 그리스도를 믿는 그리스도인들이 있었습니다.

92) **이해** 사복음서가 의미하는 각각의 색은 하나님께서 모세에게 명령하신 성

사복음서 비교				
구분 / 복음서	마태복음	마가복음	누가복음	요한복음
저자	마태	마가	누가	사도 요한
예수님을 어떻게 보는가?	약속된 메시야 (슥9:9)	순종과 희생의 종 (사42:1)	흠 없는 인자 (슥9:12)	성육하신 성자 (사40:9)
의도한 독자[91]	유대인	로마인	헬라인	그리스도인
예수님에 대한 이미지 (겔1:10; 계4:7)	사자 (첫째 생물)	소 (둘째 생물)	인자 (셋째 생물)	독수리 (넷째 생물)
색(의미)[92] (출26:1)	자색(왕권)	홍색(고난)	흰색(성결)	청색(생명)
그리스도의 사역	왕으로 오심	종으로 오심	사람으로 오심	성자로 오심
주제	그리스도가 약속된 하나님 나라를 도래시킴(천국)	그리스도가 하나님 아버지께 순종하여 세상을 이김	그리스도가 완전한 인간의 모습으로 하나님과 사람 사이에 중보자가 됨	그리스도의 신성과 그에 대한 믿음의 당위성
표제	가르침	고난과 죽음	잃어버린 자를 찾음	생명을 얻게 함
특징	구약의 예언 성취를 강조	주님의 행적을 강조	사건을 자세히 설명	사건 안에 담긴 의미 해설
주요시제	과거	현재	미래	영원
성격	예언적(계시적)	실제적(현실적)	역사적(사실적)	영적
최후진술	부활로 메시야임을 증명	영광 속의 승천	성령을 약속	재림 약속
내용 중 족보 유무	왕의 신분을 입증 (언약의 성취 강조) 마1:1-17	종은 족보가 없음	인간임을 입증 눅3:23-38	하나님은 족보가 없음
구분	공관복음서(그리스도의 인성)			그리스도의 신성

디모데성경연구원의 신약의 파노라마 참조

막의 휘장을 이루는 색과 관계가 있습니다(출 26:1). 또한 성막의 울타리는 흰 세마포로 둘러 쳐져 있고, 오직 동쪽에만 출입문이 있었습니다. 이 문은 흰 세마포와 함께 청색, 자색, 홍색실로 공교히 수놓은 문이었습니다. 이 네 가지 색들이 복음서의 예수님을 의미하고 있습니다. 먼저 자색은 왕권을 의미하는 색으로 '왕 되신 그리스도'를 나타냅니다. 예수님께서 이 땅에 오셔서 공중 권세를 잡은 사단의 세력을 완전히 멸하시고 왕권을 회복하셨음을 의미합니다. 둘째로 홍색은 피의 색으로 '고난당하시는 그리스도'를 의미합니다. 대속의 피를 흘려 인류의 죄를 씻으시고 희생하셨음을 나타냅니다. 셋째로 백색은 성결을 뜻하여 '부활하신 그리스도'를 의미합니다. 넷째로 청색은 생명의 색으로 '생명이신 그리스도'를 의미합니다.

9. 교회시대–성령과 교회

성　　경 : 사도행전, 바울서신(13권), 일반서신(9권)
주요내용 : 예수님의 승천과 성령 강림, 교회의 시작, 교회의 확장
주요인물 : 베드로, 빌립, 바울, 요한

1) 성령님의 강림과 교회의 시작(사도행전 1~7장)

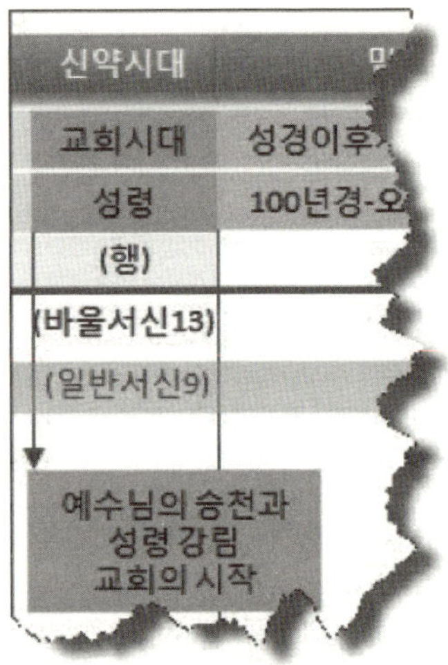

부활하신 예수님은 이 땅에 40일 동안 지내시다가 제자들과 사람들이 지켜보는 가운데 하늘로 승천하셨습니다(행 1:6~11). 그리고 오순절 날에 약속하신 성령님을 보내셔서 이 땅에 교회를 세우셨습니다. 성령님의 강림은 바벨탑 사건으로 혼잡해진 언어가 하나로 회복되는 역사를 보여주었고, 두려움에 떨고 있던 제자들에게 담대함과 함께 능력을 베풀어 주셨습니다. 베드로와 요한은 성전 미문에 앉아 구걸하던 40년된 앉은뱅이를 예수 그리스도의 이름으로 치유하는 기적을 보였고, 아나니아와 삽비라 부부는 성령을 속여 죽게 되었

습니다. 교회가 성장하면서 일곱 명의 일꾼도 뽑았습니다. 성령님과 함께 시작된 교회는 예루살렘과 온 유대와 사마리아와 당시 땅끝이었던 로마에까지 그리스도의 복음과 함께 확장해 나갑니다.[93] 베드로는 예루살렘을 중심으로 시작된 초대교회의 지도자였습니다.

2) 유대와 사마리아까지 확산되는 교회(사도행전 8~12장)

그리스도를 향한 핍박이 예루살렘에 불어 닥치게 되었습니다. 많은 그리스도인들이 핍박으로 인해 흩어지게 되었습니다. 빌립은 유대인들이 좋아하지 않던 사마리아 지역에 복음을 전하였고, 또한 성령님에게 이끌려 에디오피아 내시를 만나 복음과 함께 세례를 베풀었습니다. 그리스도인들을 핍박하던 사람 중에는 사울(바울)이 있었는데 그리스도인들을 잡기 위해 다메섹으로 가던 중 예수님을 만나 변화하게 됩니다. 그리고 베드로는 하나님께서 보여주신 환상을 통해 이방인들에게도 같은 복음이 전해져야 함을 깨

93) 생각 누가는 사도행전을 통해 교회의 부흥은 주변 사람들로부터 칭송을 받던 그리스도인들의 선한 행실을 통해 하나님께서 이루신 것임을 증거하고 있습니다(행 2:42~47; 마 5:16 참조). 사도행전에는 교회의 부흥과 그리스도인들의 선한 행실이 연관되어 있음을 반복해서 보여줍니다. 부흥의 주체는 우리들의 능력이나 노력이 아닌 성령 하나님의 역사임을 기억해야 합니다. 부흥에 있어서 우리의 역할이란 하나님의 자녀답게, 더 구체적으로 말하자면 인간답게 살아갈 때 하나님께서 이루신다는 것입니다.

달았고, 이방인에게도 주시는 생명 얻는 회개와 성령의 능력을 예루살렘 교회에 보고하였습니다. 베드로는 옥에서 천사들의 도움을 입어 기적적으로 풀려나는 기적을 체험했고, 복음을 전하기 위해 다른 곳으로 떠났습니다.

3) 땅 끝까지 확장되는 교회(사도행전 13~28장)

예수 그리스도를 만나지 못했던 사울(바울)[94]은 하나님에 대한 열심으로 인해 그리스도인들을 잡아 들였던 인물입니다.[95] 초대교

---

94) **이해** '바울'의 이름은 '사울'이라는 이름으로 먼저 등장합니다. 사울의 이름이 바울로 불리기 시작한 것은 다메섹으로 가던 길에서 예수님을 만난이후부터인데 그 시작이 바로 13장입니다. 어떤 분들은 교만했던 사울이 겸손해져서 바울로 불리게 되었다고 합니다. 하지만 사울이란 이름과 바울이란 이름은 히브리어와 헬라어의 발음에 따른 차이라고 보는 것이 맞습니다. 사울은 히브리식 발음이고 바울은 헬라식 발음입니다. 그러면 왜 13장에서 갑자기 바울이라고 나올까요? 그것은 바울이 13장부터 3차에 걸쳐 전도여행을 떠나는데 그 지역들이 히브리어가 아닌 헬라어를 중심으로 하는 헬라문화권이었기 때문입니다.

95) **생각** 예수님 당시 유대 지도자들도 예수님과 따르던 무리들을 핍박하였습니다. 그런데 왜 바울에게만 나타나셔서 복음의 일꾼으로 삼으셨을까요? 물론 하나님의 뜻이기에 우리는 헤아릴 수 없는 일이겠지만 좀 더 생각해보면 그 이유도 짐작해 볼 수 있습니다. 예수님께서 하나님 나라를 전하시면서 가르치시고, 선포하시고, 고쳐주시는 사역을 하실 때 유대 지도자들은 대부분 예수님의 적이 되었습니다. 당시 유대지도자들은 예수님의 행위가 하나님을 모독하는 것이라고 사람들 앞에서 떠들었습니다. 하지만 그들이 행했던 일들을 보면 하나님을 위함이 아니라 자신들이 쥐고 있던 기득권과 이익을 염려했기 때문이었습니다. 오직 했으면 예수님의 부활하신 일까지도 거짓으로 꾸몄겠습니까! 바울도

회에서 일곱 명의 일꾼 중 한 명으로 뽑혔던 스데반이 사울 앞에서 순교하기도 했습니다. 하지만 예수님을 만난 이후로 복음을 위해 목숨까지 아끼지 않는 복음의 일꾼으로 변화되었습니다. 그래서 3차에 걸쳐 전도여행을 다니게 되었고, 전도여행을 다니면서 세운 교회들에게 보낸 편지가 바울 서신이며, 그 가운데 특별히 동역자들에게 보낸 편지가 목회서신입니다. 그리고 로마 감옥에 투옥되었을 때 보낸 편지가 옥중서신입니다.

바울의 3차 전도여행과 서신서들				
전도여행	1차(13-14장)	2차(15-18장)	3차(19-21장)	로마행(22-28장)
소요기간	2년	3년	4년	5년
지역	갈라디아 지역	마게도냐, 아가야, 헬라	아시아	로마
바울서신	갈라디아서	데살로니가전, 후서	고린도전,후서, 로마서[96]	1차 투옥: 옥중서신 (에베소서, 골로새서, 빌립보서, 빌레몬서) 잠시 석방: 목회서신 (디모데전서, 디도서) 2차 투옥: 디모데후서

믿음의 사람, 스데반을 죽이는 자리에 있었을 만큼 예수님과 따르던 사람들을 핍박했지만 하나님은 그의 마음이 진정으로 하나님께 있었음을 알았던 것입니다. 유대 지도자들과 바울의 마음을 사람의 눈으로는 구별하기 어려웠을지라도 사람의 중심을 보시는 하나님은 모든 것을 알고 계셨던 것입니다. 우리의 신앙생활도 사람들에게 믿음이 좋은 것처럼 보일 수는 있습니다. 하지만 모양만 있을 뿐 능력이 없을 수도 있음을 명심해야 할 것입니다.

96) 생각 로마서는 바울이 로마로 가기 전에 로마교회에 먼저 보낸 편지입니다. 어떻게 로마에 교회가 있었을까요? 이는 흩어져 살던 유대인들이 유월절을 지키기 위해 예루살렘에 왔다가 베드로의 설교를 듣고 그리스도인이 된 후 로마로 돌아가 교회를 세웠을 가능성이 높습니다.

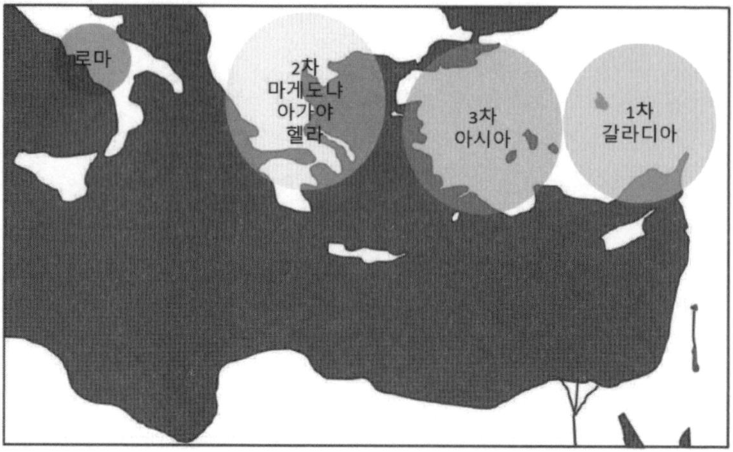

4) 바울 서신들의 주요 내용

로마서는 서버나(스페인) 지역의 선교를 위해 로마교회를 방문할 것을 알리고, 구원에 대해 자세히 가르쳐 바른 믿음 위에 서게 하기 위해 쓴 편지입니다. 로마서에는 죄, 구원, 은혜 등의 그리스도인으로서 알아야 할 기본적이고도 중점적인 내용을 다루고 있습니다.

고린도전서와 후서는 바울의 2차 전도 여행 때 세워진 교회로써 교회 안에서 일어난 분쟁의 문제, 근친상간 등의 성적 타락, 송사 문제 등에 대해 지적하는 생활지침서의 역할을 합니다. 특히 성령의 은사와 사랑에 대해 강조하고 있습니다.

갈라디아서는 교회에서 활동하던 율법주의 교사들의 허구적인 주장을 반박하기 위해 쓴 편지입니다. 여기에는 오직 믿음으로만 구원을 얻을 수 있으며, 그리스도인은 그리스도 안에서 자유를 누리며 믿음으로 살아야 한다는 내용입니다.

에베소서는 교회의 머리는 오직 그리스도 한 분이며, 그리스도를 통해 교회가 하나 되듯 유대인과 이방인이 하나로 연합되었음을 가르치기 위해 바울이 옥중에서 보낸 서신입니다.

빌립보서는 빌립보 교인들이 박해 가운데서도 서로 사랑하고 기뻐할 줄 아는 성숙한 믿음을 가지도록 권면하기 위해 보낸 서신입니다.

골로새서는 골로새 교회에 침투한 율법주의, 영지주의, 혼합주의를 배격하기 위해 쓴 것입니다. 오직 예수님에 대한 믿음 위에 굳게 서서 하나님의 뜻에 합당히 행할 것을 요구하고 있습니다.

데살로니가전서,후서는 예수님의 재림에 대한 잘못된 이해를 바로 잡아주기 위해 기록했으며, 재림을 소망하는 마음으로 깨어 근신하고 거룩함을 유지할 것을 강조하고 있습니다. 무엇보다 재림이 임박했다는 생각에 일상으로부터 벗어나려는 행실을 버리고 맡은 사역을 성실히 감당하고 일상생활에 충실할 것을 권면하고 있습니다.

디모데전서, 후서는 믿음의 아들인 디모데의 목회 사역을 격려하기 위해 로마 감옥에 투옥 되었을 때 보낸 목회서신입니다. 전서에서는 영적 지도자로서 바른 교리를 선포하며 믿음의 선한 싸움을 싸우고 성도들의 본이 되어야 함을 가르쳐주고 있습니다. 후서는 바울서신 중 제일 마지막에 쓴 것으로 알려졌으며 디모데가 예수님의 군사로 끝까지 선한 싸움을 싸워나갈 것을 권면하는 서신입니다.

디도서는 바울의 동역자이자 교회 지도자로 일하던 디도에게 올바로 복음을 전파하고 경건한 생활에 임할 것을 격려하고 있습니다. 또한 그리스도인들이 세속적인 욕망을 버리고 그리스도의 재림을 열망하면서 시대를 분별하며 살아야 함을 강조합니다.

빌레몬서는 바울이 로마 감옥에서 만난 오네시모를 위해 그의 주인이었던 빌레몬에게 보내는 서신입니다. 오네시모는 종으로 있다가 도망을 쳤으며, 오네시모가 개종을 한 후 빌레몬에게 돌려보

내면서 오네시모를 용서하고 복음 전파자로 함께 동역하도록 권면하는 내용입니다.

5) 일반 서신들의 주요 내용

히브리서는 저자가 불명확하며, 박해받는 유대인들의 흔들리는 신앙을 바로잡아주기 위해 기록되었습니다. 우리가 잘 알고 있는 히브리서 11장은 믿음으로 산 사람들에 대해 이야기하고 있으며, 하나님께서 사랑하는 자들을 징계하신다는 내용이 12장에 나옵니다.

야고보는 예수님의 동생인 야고보가 쓴 서신입니다. 참된 믿음의 본질에 대하여 이야기하고 있으며 믿음은 행함이라는 열매를 통해 드러나야 함을 강조하고 있습니다.

베드로전서, 후서는 예수님의 제자 베드로가 쓴 서신입니다. 짧지만 이 안에는 당시 네로 황제 아래 박해받는 그리스도인들을 위로하며 영광스러운 미래에 대한 소망을 제시하고 있습니다. 또한 이단들을 경계하고 오직 그리스도를 아는 지식 안에서 굳게 서서 성장할 것을 권면합니다.

요한일서, 이서, 삼서는 요한복음과 계시록을 쓴 사도 요한의 서신입니다. **일서**에는 사랑이라는 단어가 44번이나 나올 정도로 사랑을 강조하는데 예수님으로부터의 가르침을 강조하는 서신입니다. 눈에 보이지 않는 하나님을 사랑하는 방법은 눈에 보이는 이웃을 사랑함으로 확인된다는 것입니다. **이서**는 '택하심을 입은 부녀'라는 대상에게 보낸 서신으로써 진리이신 그리스도의 말씀 안에 거할 것을 권면하고 있습니다. **삼서**는 가이오에게 그의 믿음과 선행을 칭찬하고 복음 안에서 형제 사랑하기를 힘쓰라고 권면하는 내용입니다.

유다서는 예수님의 동생 유다가 기록한 서신입니다. 당시 영지주의의 폐해 속에 거짓교사들에 대한 책망을 담고 있으며, 그리스도의 군사된 자들은 미약한 그리스도인들을 보호하고 진리를 수호해야 한다는 것을 강조하고 있습니다.

요한계시록은 사도 요한이 밧모섬으로 유배를 떠나 그곳에서 기록한 성경이며, 구 · 신약 66권 중에 제일 마지막으로 쓰인 책입니다(A.D.95년경). 여기에는 사탄이 지배하려던 이 지상에 대한 그리스도의 통치에 관해 알려줄 뿐만 아니라 사탄에 대한 완전하고도 영원한 승리를 알려주고 있습니다. 특히 계시록에는 '일곱'가지가 '일곱'번 나옵니다. '일곱 교회', '일곱 인', '일곱 나팔', '일곱 표적', '일곱 가지 마지막 재앙', '일곱 가지 멸망', '일곱 가지 새것' 등입니다.

아래 그림은 창세기에서 시작된 것이 요한계시록에서 어떻게 끝나는지 간략하게 보여줍니다.

10. 믿음시대-오직 믿음으로

성　경 : 성경 66권
주요내용 : 임마누엘 하나님과 에벤에셀의 은혜를 누리며 사는 삶
주요인물 : 우리 자신

1) 선택하며 사는 인생

여러분은 지금까지 살면서 후회해 본 적이 있습니까? 없습니까? 어린 시절 들었던 선전 중에 아직도 귀에 울리는 것이 있습니다. '순간의 선택이 10년을 좌우합니다.' 바로 금성이라는 회사의 광고였습니다. 소비자인 우리가 어느 회사의 제품을 구입하느냐에 따라 앞으로의 10년이 후회하면서 살거나 후회하지 않고 기쁘게 살게 될 것임을 암시하는 것입니다. 그렇다면 이 문구를 우리식으로 바꿔본다면 어떻게 될까요? 그것은 '당신의 선택이 당신의 영혼을 좌우합니다'라고 할 수 있을 것입니다.

우리는 아침에 일어나서부터 잠자리에 들기 전까지 매순간마다 선택하며 살고 있습니다. 무엇을 입을까? 무엇을 먹을까? 누구를 만날까? 오늘은 무엇을 하며 지낼까? 쇼핑을 가서도, 식료품 가게

를 가서도 가기 전에 필요한 품목을 적었음에도 막상 가서 눈에 들오는 것이 있으면 바로 그곳이 선택의 기로가 되는 것입니다.

죄로 인해 하나님과 단절된 인간은 시간과 공간의 제약을 받게 되었습니다. 하나님과 함께 영원히 살 수 있었던 모든 특권도 죄로 말미암아 잃게 된 것입니다. 그래서 순간마다 선택하며 살게 된 것입니다.

창세기 3장은 인간의 잘못된 선택으로 말미암은 징계에 관한 말씀입니다.

창세기 4장은 사람이 사람을 살인하는 이야기입니다. 사랑이 아닌 살인을 선택한 죄악된 이야기입니다.

창세기 5장은 인류역사상 가장 오래 살았던 사람들의 이야기가 나오지만 그들도 죽었다고 기록합니다. 그러나 한 사람... 하나님과 동행할 것을 선택했던 에녹은 죽지 않고 살았다고 말씀합니다.

창세기 6장부터 10장까지는 죄를 선택한 인류에 대한 하나님의 심판과 함께 노아에게 은혜를 베푸셔서 구원하시는 이야기가 나옵니다. 물론 노아가 하나님의 말씀에 순종을 선택했다는 것은 빼놓을 수 없는 것입니다. 그 순종의 결과로 노아의 홍수 이후 모든 민족들은 노아의 가족을 통한 것임을 우리는 알게 됩니다.

창세기 11장에는 하나님의 은혜를 입었던 노아의 후손들이 하나님의 말씀에 순종을 선택하지 않고 불순종을 택함으로 바벨탑을 쌓아 하나님께 도전하는 이야기가 나옵니다. 이로 인해 인간의 언어가 나뉘고 민족이 나눠지게 된 것입니다.

그리고 창세기 12장부터는 우리가 잘 알고 있는 아브라함의 이야기가 시작됩니다.

이후로도 수많은 인물들의 이야기가 성경에 기록되어 있으며, 그들의 삶은 순종과 불순종의 기로에서 무엇을 선택하느냐에 따라 하나님의 복을 누리기도 했고, 징계를 받아 멸망하기도 했습니다. 히브리서 11장에는 믿음을 선택한 사람들의 이야기로 가득합니다.

오늘 저와 여러분의 삶은 어떤가요? 우리는 하나님의 복을 받아 누릴 수 있는 선택을 하고 있습니까? 여러분과 함께 살고 있지 않기 때문에 확신 있게 말할 수는 없지만 한 가지 분명한 사실은 바로 지금, 이 순간, 하나님의 말씀 앞에 우리가 서 있다는 것은 분명 바른 선택인 것입니다.

2) '선'한 것을 '택'하는 지혜

인생은 선택의 연속이라 하였습니다. 그러면 무엇을 선택해야 할 것인가? 우리 삶에 '선'한 것을 '택'해야 합니다. 선한 것[97]은 오직 한 분 하나님 밖에 없음을 예수님께서 이미 가르쳐 주셨습니다.

> 어떤 관리가 물어 이르되 **선**한 선생님이여 내가 무엇을 하여야 영생을 얻으리이까 예수께서 이르시되 네가 어찌하여 나를 **선**하다 일컫느냐 하나님 한 분 외에는 **선**한 이가 없느니라 (누가복음 18:18-19)

---

97) **생각** Henrietta C. Mears는 'gospel'이라는 단어를 설명하면서 Anglo-Saxon 단어에서 'God'은 'good'을 의미한다고 말합니다(Henrietta C. Mears. 'What The Bible is All About'. Regal Books. p.361). 미국에서 '좋은 아침(Good Morning)'이라는 말을 '하나님(God)이 함께 하시는 아침'이라는 말로 생각할 수도 있습니다. '선교'라는 말도 '선'한 것을 '교'회에 채우는 사역이라는 의미라고 이해한다면 타 문화권에 들어가서 하는 선교보다 먼저 나의 삶을 하나님으로 채우는 일을 먼저 생각하게 될 것입니다. 또한 우리가 속한 믿음의 공동체로서의 교회를 하나님으로 채우고, 우리의 가정과 우리가 속한 모든 삶의 터전이 하나님으로 채워질 때 비로소 하나님 나라가 이 땅에 확장되는 것입니다.

우리의 삶 속에서 선한 일을 도모하는 가장 좋은 방법은 하나님과 친밀한 관계 안에서 사는 것입니다.

3) 하나님과 친밀한 관계를 맺는 방법

하나님과 동행했던 사람들의 특징은 하나님과 친밀한 관계 안에서 살았다는 것입니다. '관계'라는 것은 사람이 태어나 '관'속에 들어 갈 때까지 '계'속 되는 것입니다. 삶 속에서 하나님께 '관'심을 '계'속적으로 주는 것을 말합니다. 이렇게 사는 삶이 바로 '믿음으로 사는 삶'입니다. 믿음은 결코 추상적인 것이 아닙니다. 하나님과 친밀한 '관계'를 맺고 함께 동행하는 것이 믿음으로 사는 것입니다. 하나님과의 친밀한 관계는 그분의 입에서 나오는 말씀을 듣고, 읽고, 배우고, 암송하고, 묵상할 때 비로소 맺어지며 끊어지지 않을 것입니다.

'듣,배,지,행(듣고, 배우고, 지켜, 행하는)' 삶을 통해 하나님을 기쁘시게 하고 사람들을 행복하게 하는 복의 통로가 되시기를 축복합니다.

모세가 온 이스라엘을 불러 그들에게 이르되 이스라엘아 오늘 내가 너희의 귀에 말하는 규례와 법도를 듣고 그것을 배우며 지켜 행하라 (신명기 5:1)

이 예언의 말씀을 읽는 자와 듣는 자와 그 가운데에 기록한 것을 지키는 자는 복이 있나니 때가 가까움이라
(요한계시록 1:3)

3부

부록

• 3부 •

부 록

1. 말씀 묵상의 중요성

시편 119:9~11 : 시인은 우리의 행실을 깨끗하게 할 수 있는 것은 오직 하나님의 말씀을 지켜 행할 때라는 것을 고백합니다. 그래서 범죄하지 않기 위해 하나님의 말씀을 마음에 '두었다'고 말합니다.

> 청년이 무엇으로 그의 행실을 깨끗하게 하리이까 주의 말씀만 지킬 따름이니이다 내가 전심으로 주를 찾았사오니 주의 계명에서 떠나지 말게 하소서 내가 주께 범죄하지 아니하려 하여 주의 말씀을 내 마음에 두었나이다
>
> (시편 119:9~11)

여기서 말하는 “두었다”는 말의 의미는 마음 속 깊이 “숨겨 두었다”는 의미입니다. 왜 하나님의 말씀을 마음 깊이 숨겨 두었을까요? 그 답은 시편 19편에 나와 있습니다.

왜? 숨겨 두었을까?

(시 19:12) 자기 허물을 능히 깨달을 자 누구리요
나를 숨은 허물에서 벗어나게 하소서

시편 19:12 : 이 세상에 자기 허물을 깨달을 수 있는 사람은 없다고 말씀합니다. 그렇기 때문에 창조주 하나님 앞에 숨은 허물에서 벗어나게 해달라고 간구합니다. 바로 내 안에 있으면서도 스스로 알 수 없는 이 숨은 허물을 위해 마음속에 하나님의 말씀을 숨겨 두는 것입니다.

우리 안에 있는 숨은 허물들은 각기 다른 죄악으로 드러나게 됩니다. 우리가 회개하는 것 중 대부분의 것들은 숨은 허물로 인해 겉으로 드러나게 된 죄의 결과들에 대한 것입니다. 위의 그림에서 보는 바와 같이 하나의 숨은 허물은 a로 드러났다가 때로는 a'로 드러날 수 있다는 것입니다. 그래서 하나님의 말씀을 우리 마음에 숨겨 두었다는 것입니다. 그러면 우리 안에 숨겨 둔 말씀으로 인해 어떤 역사가 일어 날까요? 히브리서에 그 답이 있습니다.

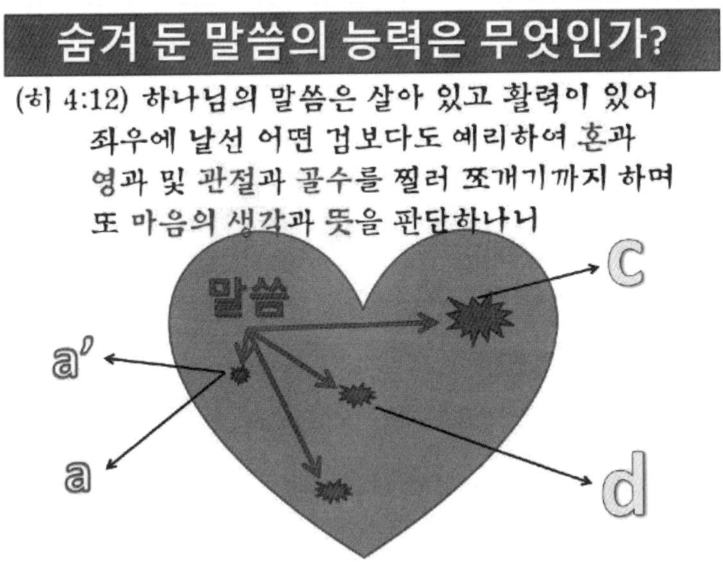

히브리서 4:13~14 : 하나님의 말씀은 살아있고 운동력이 있기 때문에 나도 모르는 내 안에 숨어 있던 숨은 허물들을 찾아 깨뜨려 버린다는 사실입니다.

우리는 하나님을 말씀을 읽고, 설교를 듣기도 하며, 암송하기도 하고, 공부도 합니다. 아는 말씀을 가지고 깊이 묵상도 합니다. 이뿐 아니라 신앙서적들도 읽으며 그 안에서 하나님의 은혜를 깨닫기도 합니다. 하지만 이 모든 내용을 다 기억할 수 있는 사람은 없습니다. 기억할 수 없다고 해서 안할 수도 없습니다. 히브리서의 말씀을 기억하십시오. 내 안에 숨겨진 생명의 말씀들이 좌우에 날이 선 검보다 더 강하게 역사할 것입니다. 이제 의지적으로 하나님의 말씀을 내 안에 숨겨 두도록 힘써야 할 것입니다.[98)]

---

98) 기억 연결되는 말씀들을 살펴보면 외우기 쉽게 되어 있습니다. 먼저 시편 119:9~11인데 화재신고 번호를 기억하면 됩니다. 또한 구절을 보면 거울원리와도 같다. (한국 재난신고)119-911(미국 재난신고). 그리고 다음으로 시편 19:12인데 처음 119편에서 1만 빼고 절에 더해주면 간단합니다. 119:9-11 그리고 19:12입니다. 마지막으로 말씀의 능력에 대한 히브리서는 4장을 기억하고 절 수는 시편 19편의 12절 다음이라고 기억하시면 됩니다. 시편 119편부터 각각의 절은 연속되는 숫자임을 알 수 있습니다. 9~11절, 12절, 13~14절.

2. 장별로 살펴보는 성경

1) 11장에 나타난 죄와 믿음의 문제

창세기로부터 11이라는 숫자에 얽힌 재미있는 이야기가 있습니다. 하나님 앞에 지은 죄의 대표적인 내용들이 나오며, 또한 하나님의 자녀들이 죄 가운데 살지 않도록 하기 위해서, 구원 얻은 자로서 살아야할 자세에 대해 구체적으로 가르쳐주고 있는 말씀이 히브리서에 있습니다.

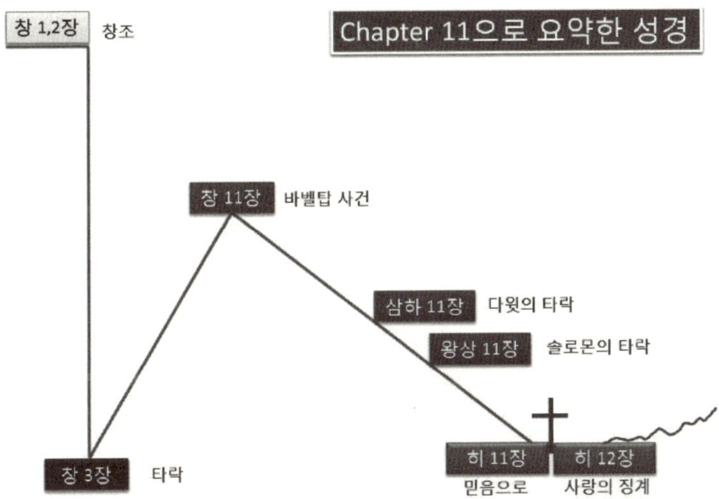

창세기 11장 : 노아의 홍수이후 8명으로 시작된 세상의 인구는 번성하였습니다. 얼마나 불어났는지는 알수 없지만 사람들은 하나

님의 말씀에 불순종하여 바벨탑을 쌓았습니다. 당시 세상의 구음이 하나요 언어가 하나였다고 성경은 말씀하고 있습니다. 결국 사람들의 죄악으로 말미암아 언어가 나눠지게 되었고 이로써 민족들이 나누어지게 되었습니다.

사무엘하 11장 : 다윗은 사울에 이어 이스라엘의 두 번째 왕입니다. 성경은 다윗이 하나님의 마음에 합한 자라고 기록(행13:22)하고 있지만 그도 죄성을 가진 인간이었기에 밧세바라는 여인과 간음하는 죄를 범하였습니다. 문제는 이 사실을 감추기 위해 남편이었던 우리아 장군까지 전장에서 죽게 만드는 무서운 일을 저지르게 되었다는 것입니다. 우리가 성경을 살펴보면 다윗은 사무엘하 11장으로부터 몰락하기 시작합니다. 아무리 죄를 숨기려해도 결코 숨길 수 없는 것이 인간의 죄인 것 같습니다. "자기의 죄를 숨기는 자는 형통치 못하나..."(잠 28:13)라고 잠언을 기록한 솔로몬의 이야기가 이 사실을 잘 설명해 줍니다.

열왕기상 11장 : 솔로몬은 다윗과 밧세바 사이에서 태어난 두 번째 아들입니다. 첫 번째 아들은 하나님의 징계하심으로 이름도 얻지 못하고 죽었습니다. 우리 말에 '부전자전'이라는 말을 증명이라도 하듯, 또한 누구나 기억하기 쉽게 하기 위함이었는지 11장이라는 같은 장수와 여인들에게 마음을 빼앗긴 내용도 동일하기까지 합니다. 아버지 다윗의 간음죄로 인한 몰락과 아들 솔로몬의 타락 이야기는 많이 닮아있습니다. 이처럼 하나님께 대한 대표적인 죄악이 창세기, 사무엘하, 열왕기상 11장에 각각 기록 되어 있습니다.

히브리서 11장 : 그러나 신약으로 와서 히브리서 11장에는 죄성을 가진 인간이었지만 믿음으로 구원을 이뤄간 믿음의 사람들이 소개됩니다. 창세기 4장에 등장하는 가인과 아벨의 이야기도 나옵니다. 우리가 잘 알고 있는 믿음의 조상인 아브라함도 나옵니다. 그들은 모두 믿음으로 살았음을 증거합니다. 창세기, 사무엘하, 열왕기상 11장에서 말해주는 죄들에 대한 문제를 어떻게 이겨낼 수 있는지를 히브리서 11장의 믿음의 사람들을 통해 전하고 있는 것입니다. 믿음은 하나님이 살아계시다는 진리를 인정할 때 시작됩니다. 내가 죄인이라는 사실을 인정함으로 시작되는 것이 믿음생활입니다. 믿음이 없이는 하나님을 기쁘시게 할 수 없음을 기억하고 믿음으로서 죄를 이겨내야 합니다. 믿음을 가졌다는 것은 하나님과 관계를 맺고 그 관계 안에서 말씀을 의지하여 살아간다는 것을 의미합니다.

2) 12장에 나타난 하나님의 사랑과 징계에 대한 말씀

창세기 12장에는 11장에서 흩어진 민족들 가운데 아브라함을 택하신 이야기가 나옵니다. 하나님께서 아브라함을 얼마나 사랑하셨습니까? 100세에 아들을 주시기까지 사랑하셨습니다. 하지만 하나님은 아브라함을 사랑하셨기에 시험하셨고, 아브라함은 하나님의 시험을 믿음으로 합격했습니다. 물론 하나님께서는 감당할 수 있는 시험만 주시기 때문입니다(고전 10:13). 그래서 우리에게는 하나님에 대한 믿음이 필요합니다. 어떠한 어려움이 닥쳐올지라도 "내가 감당할 수 있으니 주셨겠지!"라는 믿음으로 하나님께 더욱 나아가면 될 것입니다.

잠언 12장 1절에는 "징계를 싫어하면 짐승과 같다"고 말씀합니다. 왜 그럴까요? 징계도 하나님의 사랑의 또 다른 표현이기 때문입니다. 히브리서 12장은 하나님이 우리를 징계하시는 이유가 분명하게 설명되어 있습니다.

히브리서 12장을 보면 하나님께서 왜 사랑하는 사람들을 징계하시는지 알 수 있습니다. 우리가 선지서를 읽을 때 꼭 기억해야 할 말씀이 바로 히브리서 12장입니다. 히브리서 12장을 마음에 품고 선지서를 읽으면 이스라엘이 당했던 많은 징계들이 곧 하나님의 사랑이었다는 것을 알게 되기 때문입니다. 혹시 나에게 좋지 않은 일이 일어났다면 다음의 세 가지를 해 보십시오. 대부분의 일들은 이 세 가지에 해당될 것입니다.

1. **사단을 대적하라!** : 먼저 자신에게 닥친 시험과 고난, 환난들을 조장하고 있는 어두운 영들을 예수의 이름으로 대적하십시오. 사단의 시험이라면 해결될 것입니다.

2. **회개하라!** : 자신에게 아직 해결되지 않은 죄가 있는지 돌아봐야합니다. 이를 위해 성령님의 조명하심을 구하십시오. 그리고 철저하게 회개해야합니다. 해결되지 않은 죄가 있을 때 어려운 일들을 겪게 됩니다.

3. **순종하라!** : 위의 두 가지를 모두 해도 해결되지 않을 때는 하나님 앞에 서원했던 것이나 아직도 순종하지 않고 있는 것은 없는지 돌아봐야 합니다.

로마서 12장 로마서는 1장부터 11장까지 하나님의 구속의 은혜에 대한 신학적인 내용들을 구체적으로 설명합니다. 12장에서 16장까지는 하나님의 구속의 은혜를 받은 그리스도인들이 어떻게 살아야 할지 실제적인 내용들을 알려줍니다. 특히 12장은 16장까지의 내용 중 총론에 해당하는 부분으로 1절과 2절에 잘 요약되어 있습니다. 믿음의 사람은 하나님이 기뻐하시고 온전한 뜻이 무엇인지 분별하며 살아야 한다는 것이 그것입니다. 하지만 하나님의 뜻을 분별하며 사는 것은 결코 쉬운 일이 아닙니다. 죄성을 가지고 태어난 인간으로서 거의 불가능하다고 해도 지나치지 않을 것입니다. 그래서 성령님의 도우심이 필요하며, 이 때문에 예수님께서 승천하시기 전에 성령님을 약속하신 것입니다. 모든 믿는 사람들에게는 성령님의 은사가 필요합니다.

고린도전서 12장에는 믿음으로 사는 사람들에게 필요한 풍성한 성령님의 은사를 알려줍니다. 성령께서는 주님의 몸된 교회를 온전히 세우고 그리스도의 덕을 세상에 드러내기 위해 그리스도인들에게 은사를 주십니다. 성령의 은사는 모든 믿는 자를 위한 하나님의 선물입니다. 우리의 원함과 상관없이 필요에 따라 거저 주시는 하나님의 은혜의 선물입니다.

3) 13장 모든 율법의 완성으로써의 사랑의 은사

로마서 13장 8~10절에는 사랑이 율법의 완성이라고 말씀합니다. 왜 그럴까요? 하나님은 사랑이시기 때문입니다(요일

4:7~13). 사랑의 하나님이 사랑으로 세상을 창조하셨고, 사랑하며 살도록 십계명을 주셨기 때문입니다. 모든 율법의 중심에는 하나님의 사랑이 자리 잡고 있습니다. 그 사랑을 기초하여 인간 상호간에도 사랑하며 살도록 되어 있는 것입니다.

요한복음 13장에는 예수님께서 십자가에 돌아가시기 전 제자들과의 마지막 만찬과 제자들의 발을 씻어주신 이야기가 나옵니다. 특히 1절에서는 "자기 사람들을 끝까지 사랑하셨다"고 말씀합니다. 사랑은 세상의 그 어떤 한계도 뛰어 넘습니다. 하나님께서 우리에 대한 사랑을 어떻게 확증해 주셨습니까? 독생자를 아낌없이 십자가에 죽게 하심으로 확증해 주셨습니다(롬 5:8). 예수님이 자기 사람들을 끝까지 사랑하셨다는 의미가 바로 이것입니다. 우리의 사랑도 예수님의 사랑을 본받는 것이어야 합니다. 우리가 서로 사랑하면 세상적인 시각으로 우리를 봐도 곧 예수님의 제자인줄 알게 되기 때문입니다(요 13:35).

고린도전서 13장에는 바울이 앞선 12장에 나열하고 있는 여러 가지 은사보다 더욱 큰 은사인 "사랑"에 대해 알려줍니다. 왜 사랑의 은사가 가장 큰 은사일까요? 사랑은 하나님 나라의 언어이기 때문입니다. 이 세상에서뿐만 아니라 영원한 하나님 나라에서도 필요한 것이 사랑이기 때문입니다. 우리의 믿음과 소망은 예수님을 구주로 영접하는 순간 이루어져 예수님의 재림과 함께 온전히 성취될 것입니다. 하지만 사랑은 예수님의 재림 후에도 영원히 필요한 것이기에 사랑이 제일인 것입니다. 사도 요한은 하나님이 곧 사랑임을 말씀하고 있습니다.

> 사랑하지 아니하는 자는 하나님을 알지 못하나니 이는 하나님은 사랑이심이라 (요한일서 4:8)

3. 성경 속의 성전

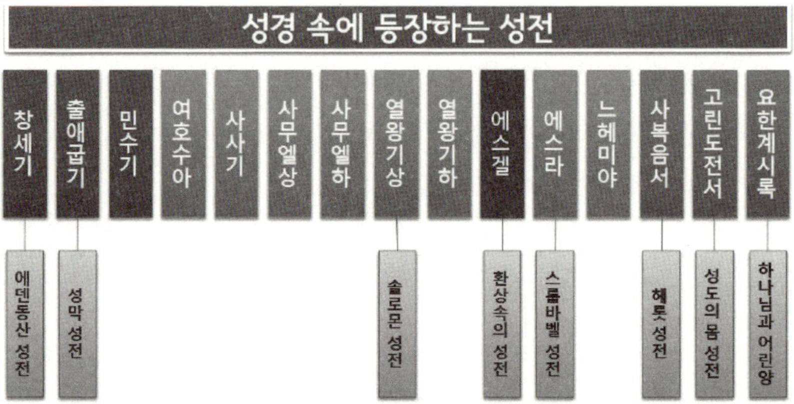

1) 구약에 나타난 성전

〈에덴동산에서 성막까지〉

① 인간은 에덴동산에서 하나님과 함께 거하였습니다(창 2:8~15).

이사야 선지자는 하나님 나라가 회복되면 얻게 될 기쁨을 에덴동산과 비교하며 말씀했습니다.

> 나 여호와가 시온의 모든 황폐한 곳들을 위로하여 그 사막을 에덴 같게, 그 광야를 여호와의 동산 같게 하였나니 그 가운데에 기뻐함과 즐거워함과 감사함과 창화하는 소리가 있으리라 (이사야 51:3)

② 인간의 죄로 말미암아 하나님이 죄인과 함께 할 수 없게 되어 에덴동산에서 쫓겨났습니다.

> 여호와께서 이르시되 나의 영이 영원히 사람과 함께 하지 아니하리니 이는 그들이 육신이 됨이라 그러나 그들의 날은 백이십 년이 되리라 하시니라 (창세기 6:3)

③ 하나님이 민족들 가운데 아브라함을 택하셨습니다.

하나님께서는 홍수로 세상을 심판하셨고, 바벨탑 사건을 통해 언어를 혼잡하게 하심으로 민족들이 나눠지게 하셨습니다. 그리고 수많은 민족 중에서 히브리 민족을 택하시고 주권적으로 아브라함을 부르셨습니다. 하나님께서는 아브라함으로부터 이삭, 야곱(이스라엘)을 거쳐 열 두 아들중 요셉을 애굽에 보내어 이스라엘 민족이 살 수 있도록 섭리하셨습니다. 야곱의 노년에 그와 함께 했던 70인의 사람들이 애굽의 고센 땅에 정착하여 살게 되었습니다.

> 여호와께서 아브람에게 이르시되 너는 너의 고향과 친척과 아버지의 집을 떠나 내가 네게 보여 줄 땅으로 가라
> (창세기 12:1)

④ 하나님께서 하나님의 백성을 위해 모세를 부르셨습니다.

> 여호와께서 그가 보려고 돌이켜 오는 것을 보신지라 하나님이 떨기나무 가운데서 그를 불러 이르시되 모세야 모세야 하시매 그가 이르되 내가 여기 있나이다 (출애굽기 3:4)

⑤ 모세에게 성막을 지으라고 명령하셨습니다.

하나님께서 모세에게 명령하신 성막은 성전의 모형으로 하나님께서 우리 인간과 함께 거하시기 위해 짓도록 명령하신 것입니다.

내가 그들 중에 거할 성소를 그들이 나를 위하여 짓되
(출애굽기 25:8)

〈솔로몬 성전에서 스룹바벨 성전까지〉

① 솔로몬 성전

이스라엘 자손이 애굽 땅에서 나온 지 사백팔십 년이요 솔로몬이 이스라엘 왕이 된 지 사 년 시브월 곧 둘째 달에 솔로몬이 여호와를 위하여 성전 건축하기를 시작하였더라
(열왕기상 6:1)

솔로몬 성전은 7년간에 걸쳐 완성되었고(왕상 6:38), 자신이 지낼 궁은 13년간 건축했습니다(왕상 7:1).

② 에스겔의 환상 중에 본 성전

에스겔서에도 성전에 대한 말씀이 나오지만 실재적인 건물로써의 성전이 아니라 환상으로 본 성전입니다(겔 40장~48장). 하나님께서 에스겔에게 환상으로 성전을 보여주신 이유는 포로시대이후 이스라엘의 회복을 상징하고 있습니다.

③ 스룹바벨 성전

남유다가 바벨론에 의해 멸망당하면서 솔로몬 성전은 완전히 무너졌습니다. 그 후 70년이 지나 예루살렘으로 돌아온 스룹바벨을 중심으로 다시 재건한 성전입니다. 재건된 성전은 솔로몬 성전과 너무 큰 차이가 있었기에 솔로몬 성전을 봤던 사람들은 울며 통곡하기도 했습니다.

> 제사장들과 레위 사람들과 나이 많은 족장들은 첫 성전을 보았으므로 이제 이 성전의 기초가 놓임을 보고 대성통곡하였으나 여러 사람은 기쁨으로 크게 함성을 지르니 백성이 크게 외치는 소리가 멀리 들리므로 즐거이 부르는 소리와 통곡하는 소리를 백성들이 분간하지 못하였더라
> (에스라 3:12~13)

2) 신약에 나타난 성전

① 헤롯 성전

이스라엘 민족이 로마의 식민지로 있을 때 예루살렘 지역을 다스리던 분봉왕 헤롯이 이스라엘 백성들의 환심을 얻기 위해 지어준 성전을 말합니다. 예수님께서 자신의 죽음과 부활에 대해 말씀하셨을 때 유대인들은 헤롯 성전을 생각하며 대답하기도 했습니다. 헤롯 성

전은 하나님과 함께 하심의 의미보다 사람들에게 초점이 맞추어진 잘못된 것이었습니다.

> 예수께서 대답하여 이르시되 너희가 이 성전을 헐라 내가 사흘 동안에 일으키리라 유대인들이 이르되 이 성전은 사십육 년 동안에 지었거늘 네가 삼 일 동안에 일으키겠느냐 하더라 그러나 예수는 성전된 자기 육체를 가리켜 말씀하신 것이라 (요한복음 2:19~21)

② 그리스도인의 몸 성전

사도 바울은 모든 그리스도인은 세상으로부터 하나님께 구별된 사람으로서 성령이 거하시는 성전임을 말씀하였습니다. 따라서 그리스도인은 자신의 몸을 함부로 해서는 안 됩니다. 하나님의 뜻대로 사용해야 합니다. 우리의 시간과 물질이 거룩하게 구별되었음을 알고 하나님을 위해 사용해야 합니다.

> 너희는 너희가 하나님의 성전인 것과 하나님의 성령이 너희 안에 계시는 것을 알지 못하느냐 누구든지 하나님의 성전을 더럽히면 하나님이 그 사람을 멸하시리라 하나님의 성전은 거룩하니 너희도 그러하니라
> (고린도전서 3:16~17)

③ 그리스도인의 모임이 성전

사도 바울은 그리스도인들의 모임도 성전이 됨을 강조하였고, 베드로도 그리스도인은 신령한 집, 곧 성전으로 세워져야 한다는 점을 말씀하였습니다.

> 그의 안에서 건물마다 서로 연결하여 주 안에서 성전이 되어 가고 (에베소서 2:21)

> 너희도 산 돌 같이 신령한 집으로 세워지고 예수 그리스도로 말미암아 하나님이 기쁘게 받으실 신령한 제사를 드릴 거룩한 제사장이 될지니라 (베드로전서 2:5)

④ 하나님과 어린 양 예수님이 진정한 성전이십니다.

> 성 안에서 내가 성전을 보지 못하였으니 이는 주 하나님 곧 전능하신 이와 및 어린 양이 그 성전이심이라
> (요한계시록 21:22)

4. 성경에 나타난 하나님이 주신 계명들

1) 에덴동산에서(창세기 1, 2장)

① 문화명령(창 1:28)–"충만하라, 정복하라, 다스리라"

하나님이 그들에게 복을 주시며 하나님이 그들에게 이르시되 생육하고 번성하여 땅에 충만하라, 땅을 정복하라, 바다의 물고기와 하늘의 새와 땅에 움직이는 모든 생물을 다스리라 하시니라 (창세기 1:28)

② 생명을 위한 명령(창 2:9,16)–"먹으라"

여호와 하나님이 그 땅에서 보기에 아름답고 먹기에 좋은 나무가 나게 하시니 동산 가운데에는 생명 나무와 선악을 알게 하는 나무도 있더라 (창세기 2:9)

여호와 하나님이 그 사람에게 명하여 이르시되 동산 각종 나무의 열매는 네가 임의로 먹되 (창세기 2:16)

③ 하나님과의 관계를 위해(창 2:17)–"먹지 말라"

선악을 알게 하는 나무의 열매는 먹지 말라 네가 먹는 날에는 반드시 죽으리라 하시니라 (창세기 2:17)

2) 시내산에서 받은 십계명(출 20:1~26; 신 5:1~21)

하나님을 향하여	사람을 향하여
① 다른 신들을 두지 말라 ② 우상을 만들지 말라 ③ 하나님의 이름을 망령되어 일컫지 말라 ④ 안식일을 기억하여 지키라	⑤ 부모를 공경하라 ⑥ 살인하지 말라 ⑦ 간음하지 말라 ⑧ 도둑질하지 말라 ⑨ 거짓 증거하지 말라 ⑩ 이웃의 것을 탐내지 말라

3) 광야 법: 토라(율법서 5권)에 나오는 율법 613가지

"~하라" (248가지)	"~하지 말라" (365가지)
죄 : 표적을 맞추지 못함 (소극적 개념)	허물 : 금지된 선을 넘어감 (적극적 개념)
해야 할 것을 하지 않는 것 '선을 행하지 않는 것'	하지 말아야할 것 을 하는 것 '악을 행하는 것'

4) 하나님의 명령과 예수님의 새계명(마 22:35~40)

하나님을 향하여	사람을 향하여
마음을 다하고 뜻을 다하고 성품을 다하고 목숨을 다하여 하나님을 사랑하라 (신6:5)	네 이웃을 네 몸과 같이 사랑하라 (기준:나를 사랑하는 만큼) (레19:18)

■ 새계명(요 13:34) "서로 사랑하라!"
서로 사랑하는 기준은 '예수님이 우리를 사랑하심 같이'다. 진정한 사랑은 십자가를 앎에서 시작한다. 진정한 사랑은 행함으로 나타나야 하는 것임을 성경은 말씀한다(야고보서).

> 새 계명을 너희에게 주노니 서로 사랑하라 내가 너희를 사랑한 것 같이 너희도 서로 사랑하라 (요한복음 13:34)

모든 계명의 완성은 '사랑'입니다.

> 사랑은 이웃에게 악을 행하지 아니하나니 그러므로 사랑은 율법의 완성이니라 (로마서 13:10)

하나님을 사랑하는 자는 또한 형제를 사랑할 수 있습니다. 사랑은 어떤 행위라기보다는 사랑으로 살아가는 존재 그 자체입니다.

우리가 이 계명을 주께 받았나니 하나님을 사랑하는 자는 또한 그 형제를 사랑할지니라 (요한일서 4:21)

5) 구원을 위한 법

구원의 법은 예수 그리스도를 믿으면 영생이요, 믿지 않으면 영벌임을 선포합니다. 세상 사람 누구나 둘 중에 하나를 선택해야 합니다.

영접하는 자 곧 그 이름을 믿는 자들에게는 하나님의 자녀가 되는 권세를 주셨으니 (요한복음 1:12)

내가 진실로 진실로 너희에게 이르노니 내 말을 듣고 또 나 보내신 이를 믿는 자는 영생을 얻었고 심판에 이르지 아니하나니 사망에서 생명으로 옮겼느니라 (요한복음 5:24)

그러므로 이제는 여호와를 경외하며 온전함과 진실함으로 그를 섬기라 너희의 조상들이 강 저쪽과 애굽에서 섬기던 신들을 치워 버리고 여호와만 섬기라 만일 여호와를 섬기는 것이 너희에게 좋지 않게 보이거든 너희 조상들이 강 저쪽에서 섬기던 신들이든지 또는 너희가 거주하는 땅에 있

는 아모리 족속의 신들이든지 너희가 섬길 자를 오늘 택하라 오직 나와 내 집은 여호와를 섬기겠노라 하니
(여호수아 24:14~15)

믿음은 하나님과의 온전한 관계의 상태(Being)를 통해서 온전한 행동(Doing)이 나오는 것입니다. 예수님의 명령은 완전한 복음을 깨닫고 아는 사람만이 그 은혜 안에서 지킬 수 있게 됩니다. 인간의 그 어떤 행위로도 하나님과 이웃을 온전히 사랑할 수는 없습니다. 율법을 통해서는 구원 얻을 자가 없기 때문에 예수 그리스도께서 십자가에서 죽으심으로 구원을 이루신 것입니다.

6) 하나님께서 율법을 주신 목적

하나님은 택하신 백성들을 그들의 행위가 아닌 주권적인 은혜로 구원하셨습니다. 그리고 구원 받은 백성들에게 믿음으로 살 수 있도록 법을 만들어 주셨는데 그것이 바로 십계명을 중심으로 한 모든 율법입니다. 따라서 율법을 지켰기 때문(행위)에 구원받는 것이 아니라 전적인 하나님의 은혜로 구원 받았다는 것을 알아야 합니다. 율법을 주신 목적은 우리에게 복을 주시기 위함입니다. 신명기에는 하나님께서 이 모든 율법을 주신 목적이 분명하게 기록되어 있습니다.

여호와께서 우리에게 이 모든 규례를 지키라 명령하셨으니 이는 우리가 우리 하나님 여호와를 경외하여 항상 복을 누리게 하기 위하심이며 또 여호와께서 우리를 오늘과 같이 살게 하려 하심이라 우리가 그 명령하신 대로 이 모든 명령을 우리 하나님 여호와 앞에서 삼가 지키면 그것이 곧 우리의 의로움이니라 할지니라 (신명기 6:24~25)

5. 성경과외에 도움이 되는 도서

도서를 찾기 쉽도록 '책 제목, 저자, 출판사' 순으로 정리하였습니다.

구약탐험, 찰스 H. 다이어 & 유진 H. 메릴 저, 도서출판 디모데, 2005.

나 혼자 터득하는 독학성경, 제임스 벨 & 제임스 디예트, 규장, 2006.

미어즈의 파노라마식 성경핸드북, 헨리에타 미어즈, 생명의 말씀사, 3판 2011.

비전성경사전, 하용조 편찬, 두란노, 2002.

성경 오해에 답하다, 권영진, 새물결플러스, 2015.

성경의 맥을 잡아라, 문봉주, 두란노, 2007.

성경통독 이렇게 하라, 조병호, 땅에쓰신글씨, 2004.

성경完전정복, 피터 다우니 & 벤 쇼우, 좋은씨앗, 2007.

성전신학, 그레고리 K. 비일, 새물결플러스, 2014.

손에 잡히는 넬슨 성경개관, 토마스 넬슨 출판사 엮음, 죠이선교회출판부, 2003

어? 성경이 읽어지네, 이애실, 두란노, 2008.

열린다성경 시리즈, 류모세, 두란노, 2010.

왕들의 이야기, 한홍, 두란노, 2007.

왕들의 이야기2, 한홍, 두란노, 2008.

우리가 알고 있는 것들 성경에는 없다, 오경준, 홍성사, 2006.

우리가 잘 모르는 것들 성경에는 있다, 오경준, 홍성사, 2007

즐거운 성경 66권 탐구, 유진소, 두란노, 2010.

추적! 사도바울의 16년, 김철웅, 쿰란출판사, 2007.

필립 얀시의 스토리성경, 필립 얀시, 요단출판사, 2011.

한눈에 보는 성경, 브루스 윌킨슨 & 케네스 보아, 도서출판 디모데, 2004.